Barbara Eisenbarth

Acrylmalerei für Einsteiger

Schritt für Schritt zum Erfolg

Augustus Verlag

Inhalt

Titelbild: Toskanisches Gehöft

Einleitung

Eigentlich sollte es jedermann möglich sein, mit Farbe und Pinsel umzugehen und auch ohne Vorkenntnisse zu malen, immer dann, wenn man Lust und Freude daran verspürt. Denn ein Gefühl für Schönheit und die Fähigkeit, Gesehenes oder Erlebtes anderen bildlich mitzuteilen, schlummert in jedem Menschen.

Wenn man ohne Vorkenntnisse malen lernen will, muß man manchmal zunächst mühsam Erfahrungen sammeln. Und weder das erste, einmal gelungene Zufallsprodukt läßt sich wiederholen, noch der gelungene Pinselstrich bei passender Gelegenheit reproduzieren. Es ist eine Grunderfahrung des Anfängers, daß ein Bild vollendeter im Kopf ist, als es die eigenen Hände schaffen können.

Damit Ihre Bilder in Zukunft also keine Zufallsprodukte bleiben, sondern Ergebnis einer kalkulierten Bildarbeit werden, vermittelt Ihnen dieses Buch die grundlegenden handwerklichen Fertigkeiten im Umgang mit Acrylfarben und ausreichende Kenntnisse über Farben und Bildkomposition.

Damit aber nicht alle Theorie grau bleibt, wird das notwendige Wissen unter den Themenkreisen Farb-, Kompositionslehre und Maltechniken anhand von Bildübungen erworben.

Ausgewählt zum jeweiligen Thema werden Stilleben, Landschaften und Bildnisse Schritt für Schritt nachgearbeitet.

Beim Malen lernen Sie so die jeweilige Maltechnik kennen, und es wird Ihnen auch gleichzeitig eine beispielhafte Lösung gezeigt, wie ein Bildthema wirkungsvoll gestaltet werden kann.

Ein kleines Stilleben begegnet Ihnen im Buch immer wieder. An diesem Thema wird zu Beginn jedes Kapitels die jeweilige Maltechnik demonstriert. Vergleichen Sie diese Stilleben untereinander, so können Sie die verschiedenen Wirkungen abschätzen und die passende Technik für eigene Bildkonzepte gezielt auswählen.

Jedes dieser Stilleben ist teilweise im Entwurfsstadium, im halbfertigen und auch im Endzustand zu erkennen. Das erlaubt Ihnen das Studium der Farbwirkungen und Kompositionen in unterschiedenen Stadien des Malprozesses.

Anfangs wird Grundlegendes über das Material Acrylfarben, die notwendigen Arbeitsutensilien, über Malgründe und eine sinnvolle Arbeitsplatzorganisation gesagt. Gleich danach geht es aber direkt zum Malen. Über sinnvolles Farbenmischen steigen Sie in das Geheimnis der Farblehre ein, um sich dann Schritt für Schritt das Rüstzeug der Malerei mit Acrylfarben anzueignen.

Wissenswertes über Acrylfarben

Acrylfarben sind wohl die vielseitigsten Farben, die den Künstlern wie auch den Freizeitmalern in die Hände gegeben wurden: Sie zeichnen sich durch besonders unproblematische Handhabung und die Erhaltung ihres Kolorits aus. Den Maltechniken sind praktisch keine Grenzen gesetzt. Die Farben vergilben nicht, sind lichtecht und alterungsbeständig.

In den fünfziger Jahren wurden erste Versuche mit dieser Malfarbe gemacht und Mitte der sechziger Jahre war sie weltweit populär. Die Werke, die aus dieser Zeit erhalten sind, haben sich farblich in keiner Weise verändert und zeigen auch keine Risse, wie sie z. B. bei Ölfarben entstehen können.

Jede Malfarbe setzt sich aus drei Bestandteilen zusammen: aus Farbstoffen, den Pigmenten, aus Bindemittel, das die Haftung auf dem Bildgrund bewirkt und in das die Pigmente angerieben werden, und drittens aus einem Lösungsmittel, das die Farbe verdünnt und das beim Trocknen verdunstet.

Eines dieser Elemente, das Farbpulver, ist praktisch bei allen Farben gleich, der Unterschied besteht im Binde- und Lösungsmittel. Bei Aquarellfarben z. B. ist das Bindemittel Gummi arabicum, Dextrin oder Tragant, das Lösungsmittel Wasser. Bei Ölfarben dient Leinöl, das aus den Samenkörnern des Flachses ausgepreßt wird, zur Bindung. Zum Verdünnen benötigt man Terpentin.

Bindemittel der Acrylfarben ist eine Kunstharzdispersion – es schwimmen in der Farbe mikroskopisch kleine Acrylharzteilchen, die sich nach Auftrocknen des Lösungsmittels Wasser zu einem hochelastischen Film verbinden und die Farbpigmente in sich einbetten. Als Lösungsmittel dient bei der Acrylfarbe Wasser. Die Farbe kann also mit Wasser verdünnt, und solange sie noch feucht ist, auch mit Wasser wieder entfernt werden. Nach Trocknung ist die Acrylfarbe wasserfest. Man benötigt Alkohol, Aceton, Kunstharz- oder Nitroverdünner, um sie wieder zu lösen.

Mich begeistert immer wieder die Flexibilität dieser Farbe. Den Maltechniken sind eigentlich keine Grenzen gesetzt. Acrylfarben können vom pastos-plastischen Relief, über deckende Farbflächen bis hin zu feinen Lasuren verarbeitet werden.
Bei feuchtem Bildgrund ist sogar ein bedingtes Ausblühen, ähnlich wie bei Aquarellfarben in der Naß-in-Naß-Technik möglich.

Der einzige Nachteil der Acrylfarbe ist, daß ein längeres feuchtes Verarbeiten der Farbe, wie z. B. in der Ölmalerei, nicht möglich ist, da dünne bis mittlere Farbaufträge bereits nach 5 bis 30 Minuten trocken sind.

Dieses rasche Trocknen ist bei der Lasurtechnik wiederum äußerst praktisch; die Wartezeiten verkürzen sich gegenüber der Ölmalerei erheblich. Die Acrylfarbe trocknet in einem seidenmatten Ton auf, mehr Glanz kann durch Zugabe von Malmittel oder durch einen Schlußfirnis erreicht werden.

Wie alle Dispersionen sind Acrylfarben im Feuchtzustand frostempfindlich, sie müssen in einem frostfreien Raum gelagert werden und nach Möglichkeit bei Temperaturen von + 15 Grad C bis + 30 Grad C verarbeitet werden.

Als Malgründe eignen sich alle fettfreien Materialien wie Maltuch, Karton, Papier, Holz, Holzfaser- und ähnliche Platten, Glas, Stein, Gips, Metall, Keramik und Kunststoffe. Bei sehr glatten Untergründen wie z. B. Glas ist die Haftung jedoch nur bedingt.

Material und Werkzeug

Farben

Acryl-Künstlerfarben werden von verschiedenen Herstellern in Tubengrößen von 20 ml bis 350 ml angeboten. Sie besitzen eine »buttrige« Konsistenz und sind beliebig mit Wasser verdünnbar.

Acryl-Studiofarben sind preiswerter und werden in Plastikflaschen, die man auch in größeren Gebinden kaufen kann, angeboten. Sie sind dünnerflüssig als die Künstlerfarben, haben eine »sahnige« Konsistenz und sind für großflächige Bilder geeignet. Der Unterschied gegenüber den teureren Künstlerfarben besteht lediglich im Festkörperanteil. Es werden für sie die gleichen hochwertigen Pigmente- und Bindemittel verwendet, so daß in der Brillanz der Farben kein Unterschied besteht. Der Festkörperanteil für die Künstlerfarben liegt bei ca. 70 %, der für Studiofarben bei ca. 60 %.

Für welche der beiden Farben Sie sich entscheiden, bleibt Ihnen überlassen. Sie sind ohne weiteres miteinander mischbar. Für den Anfang ist es vielleicht ganz zweckmäßig, sich Studiofarben anzuschaffen und nach und nach entsprechende Künstlerfarben zum Sortiment hinzu zu nehmen.

Für den Anfang benötigen Sie nur eine Handvoll Farben. Bei der Auswahl der Farben empfehle ich Ihnen zwei Blautöne, zwei Rottöne, einen Gelbton sowie Weiß und Schwarz. Da die Farbbezeichnungen leider bei den verschiedenen Herstellern differieren, sind nachfolgend die jeweiligen Alternativfarbtöne genannt.

Blau

Ultramarinblau ist ein dunkles Blau mit einem leichten Stich ins Violette. Es gibt Ultramarinblau, Ultramarinblau hell und Ultramarinblau dunkel. Sollte das von Ihnen gewählte Fabrikat Ultramarinblau hell und dunkel

Acrylfarben-Grundsortiment in Studio- oder Künstlerqualität (Studioqualität in Flaschen, Künstlerqualität in Tuben);

Pinselsortiment: flach gebundene Borstenpinsel in Größe 12 und 4, flach gebundene Nylon- und Kunsthaarpinsel in Größe 8 und 2, Rindhaar-Katzenzungenpinsel in Größe 12 und 4, Borsten-Katzenzungenpinsel in Größe 8 und 2, Synthetik-Rundpinsel (Jax-Haar) in Größe 7 und 2; Palette, Staffelei und Leinwand auf Keilrahmen aufgezogen.

im Sortiment haben, so entscheiden Sie sich bitte für die helle Variation.

Coelinblau oder Türkisblau ist ein kaltes, intensives Blau und Ultramarinblau an Brillanz überlegen, so daß bereits einige Spuren beim Mischen genügen, und Sie äußerst behutsam vorgehen müssen.

Rot
Signalrot oder Zinnoberrot ist ein Rot mit einem Stich ins Orange. Es gibt dies ebenfalls in heller und dunkler Ausführung. Sie sollten sich hier für die dunklere Version entscheiden.

Echtrosa, Permanentrosa, Permanentmagenta oder Magenta ist ein Rot mit einem leichten Stich ins Violette.

Gelb
Echtgelb, Zitronengelb oder Echtgelb-Zitron ist ein strahlendes Gelb mit einem hohen Färbevermögen.

Weiß und Schwarz
Weiß: Titanweiß oder Mischweiß wird häufiger benötigt. Es ist empfehlenswert, sich hiervon ein größeres Gebinde anzuschaffen.

Schwarz: Eisenoxydschwarz oder Elfenbeinschwarz sind fast gleichwertig.

Die Arbeitsbeispiele in diesem Buch sind mit dem oben genannten Grundsortiment erarbeitet worden, und alle Farbtöne wurden aus diesen Grundfarben ausgemischt. Sie sollten sich anfangs wirklich auf diese wenigen Farben beschränken, denn das Mischen der verschiedenen Zwischentöne muß von Grund auf gelernt werden. Ich selbst arbeite stets nur mit diesem Farbensortiment und nütze dabei die Möglichkeit, die Farben differenzierter auszumischen. Allzu schnell ist man nämlich auf einen im Handel erhältlichen Mischton festgefahren.
Alle Acrylfarben haben eine Eigenschaft gemeinsam: Sie trocknen einen Ton dunkler auf, als sie im Feuchtzustand sind. Dies sollten Sie beim Malen immer berücksichtigen.

Malmittel

Für Acrylfarben ist Wasser als Verdünnungs- oder Malmittel vollkommen ausreichend. Es werden im Fachhandel noch einige Zusätze angeboten, deren Verwendung und Vorzüge nachfolgend erläutert werden.

Malmittel »glänzend« oder »matt«
Mit beiden Malmitteln kann man wie mit Wasser die Farben verdünnen. Sie lassen diese bei höherer Dosierung transparent und je nach Verwendung glänzend oder matt auftrocknen. Es ist jedoch ohne weiteres möglich, durch anschließendes Überziehen mit Acryl-Transparentlack, den es ebenfalls in glänzender oder matter Ausführung gibt, die gleiche Wirkung zu erzielen und zugleich die Bilder gegen mechanische Beanspruchung zu schützen. Dieser Lack ist ebenfalls mit Wasser verdünnbar und kann problemlos aufgetragen werden. Er ist auch bereits mit den Farben mischbar.

Trocknungsverzögerer
Durch Zugabe eines Trocknungsverzögerers wird die Trocknung von Acrylfarben verlangsamt und man kann länger naß in naß malen. Beim Malen im Freien kann mit diesem Malmittel ein witterungsbedingtes zu schnelles Antrocknen der Farbe verhindert werden.

Gel wird in Tuben angeboten und ist dickflüssig, im feuchten Zustand trübe, trocknet aber glasklar auf. Die Zugabe dieses Gels ermöglicht pastose Aufträge, die Farben können ohne weiteres gespachtelt werden.

Modellier- oder Reliefpaste ist noch dickflüssiger als Gel und wird in Gläsern oder Dosen angeboten. Diese Paste ermöglicht noch stärkere Aufträge als Gel. Sie können bis zu 12 mm betragen. Ein solch dicker Auftrag sollte aber immer in Schichten mit entsprechenden Trocknungsphasen dazwischen angelegt werden.

Paletten

Zum Ansetzen und Mischen der Farben benötigen Sie ein möglichst glattes, flaches Behältnis. Man könnte eigentlich ohne weiteres einen flachen Teller oder ein Plastiktablett benützen.

Eine Malpalette hat jedoch ihre Vorzüge. Sie besitzt Vertiefungen, in die Sie die Farbe aus der Flasche oder Tube geben können und genügend Fläche zum Anmischen. Es gibt sie in unterschiedlichster Ausführung. Sie sollten einer aus Plastik den Vorzug geben, denn die für die Ölmalerei angebotenen Holzpaletten lassen sich schlecht mit Wasser reinigen. Es gibt im Handel bereits spezielle Feuchthaltepaletten, die die Farbe mittels eines angefeuchteten Vlieses vor dem Austrocknen bewahren, verschließbar und äußerst praktisch sind. Der Nachteil bei dieser Art besteht darin, daß sie gegenüber einer herkömmlichen Malerpalette keine Öffnung für den Daumen besitzt und beim Arbeiten an der Staffelei nicht so gut in der Hand liegt.

Bei längerem Malen ist es zweckmäßig, die Farben auf der Palette zwischendurch mit Wasser zu besprühen, um eine Antrocknung und Hautbildung zu verhindern. Bei längeren Trocknungsphasen Ihres Bildes sollten Sie sich angewöhnen, den Teller oder die Palette mit einer Haushaltsfolie gut abzudecken, damit die Farben feucht bleiben. Auf diese Art abgedeckte Farbreste sind auch nach Tagen noch verwendbar, vor allem, wenn sie vor dem Abdecken mit etwas Wasser besprüht wurden. Beim Anmischen größerer Farbmengen haben sich flache Schraubgläser gut bewährt. In ihnen halten sich die Farben über einen längeren Zeitraum gebrauchsfertig. Aber egal was Sie als Palette benützen, Sie sollten Sie stets gründlich mit Wasser reinigen und eventuell bereits angetrocknete Farbreste mit einem Palettmesser entfernen.
Auch die Verschlüsse der Tuben und Flaschen müssen stets abgewischt

werden. Sollte es jedoch trotzdem einmal passieren, daß sich Verschlüsse durch verklebte, angetrocknete Farbreste nicht mehr öffnen lassen, genügt es meist, sie einige Zeit in heißem Wasser anzuweichen.

Pinsel

Zum Malen mit Acrylfarben eignen sich die gleichen Pinsel, wie sie zur Ölmalerei verwendet werden: Borsten-, Nylon- und Haarpinsel in verschiedenen Formen.

Sie benötigen für den Anfang jeweils einen Flachpinsel in Borstenqualität der Größen 12 und 4 sowie in Kunsthaar- oder Nylonqualität der Größen 8 und 2. Diese Pinsel besitzen gerade Borsten und hinterlassen einen viereckigen Aufstrich. Borstenpinsel sind u. a. für die pastose Malerei geeignet, da sie ausgeprägte Pinselspuren hinterlassen. Des weiteren sollten Sie zwei in der Quaste konisch zulaufende Flachpinsel, sogenannte »Katzenzungen« von unterschiedlicher Breite, einmal in Borsten und einmal in Rindshaar besitzen. Sie ermöglichen einen weichen, fließenden Pinselstrich. Für feinere Detailarbeiten und dünnere Pinselstriche sind außerdem noch zwei Rundpinsel der Größen 7 und 2 vonnöten.

Da diese Pinsel auch bei guter Reinigung von der Acrylfarbe stark beansprucht werden, sind teure Marder- oder gar Rotmarderpinsel, wie sie für die Aquarellmalerei verwendet werden, nicht erforderlich. Sehr gut geeignet sind Pinsel aus Synthetik- oder Jax-Haar, sie müssen nur über eine gut geformte Spitze verfügen.

Einiges zur Pinselpflege
Acrylfarben beanspruchen Ihre Pinsel mehr als Aquarell- oder Deckfarben. Sie müssen beim Malen immer wieder in ausreichend kaltem Wasser, dem Sie einen kleinen Spritzer Spülmittel zugeben können, ausgewaschen und am Mallappen abgetrocknet werden. Nach Beendigung Ihres Bildes sollten sie alle Pinsel gründlich unter fließendem kalten Wasser reinigen, ggf. unter Zugabe von Haushaltsseife und an einem sauberen Tuch gut abtrocknen. Dann durch kräftiges Ausschütteln Pinsel wieder in Form bringen und liegend trocknen lassen.

Bitte stellen Sie Ihre Pinsel nie zum Trocknen senkrecht in ein Glas! Steht der Pinsel mit der Spitze auf, wird diese verformt, steht der Pinselstiel auf, kann noch restliches Wasser aus den Pinselhaaren in die Pinselhülse laufen und das Holz des Stiels beschädigen.

Acrylfarben trocknen die Pinselhaare nach einiger Zeit aus und deshalb sollte der Pinsel wieder rückgefettet werden. Am einfachsten und sichersten können Sie dies mit Ihrem Hautfett machen. Sie müssen dazu den trockenen Pinsel einige Male über die Innenflächen Ihrer Hand streichen. Diese Art der Rückfettung gibt dem Pinsel genau das richtige Maß, das er benötigt, und er muß vor Gebrauch nicht nochmals ausgewaschen werden.

Angetrocknete Farbenreste auf Pinsel oder Kleidung lassen sich nicht mehr mit Wasser entfernen, es muß ein spezieller Pinselreiniger, Alkohol oder Aceton verwendet werden. Es ist daher zweckmäßig, sich zum Schutz der Kleidung einen Malerkittel zuzulegen.

Sonstiges Material

Zu Ihrer weiteren Arbeitsausrüstung sollten noch gehören:

Zwei ausreichend **große, standfeste Gefäße** für das Wasser. Eines davon sollte stets sauberes Wasser zum Verdünnen der Farben enthalten, das zweite können Sie zum Auswaschen der Pinsel benützen.

Mehrere saugfähige Mallappen zum Abtrocknen Ihrer Pinsel.

Ein weicher Blei-, Kohle- oder Sepiastift zum Skizzieren. Bitte verwenden Sie keine ölhaltigen Kreidestifte, die Farbe perlt auf ihnen ab und die Deckfähigkeit ist nicht mehr gewährleistet.

Ein Palettmesser mit dem man die Farbe aufspachteln, auch eventuell zuviel aufgetragene Farbe vom Malgrund abheben und die Palette säubern kann.

Der **Arbeitstisch** sollte durch eine **Unterlage** vor Farbspritzern geschützt werden.

Größere Bilder, die Sie auf Holz oder Leinwand malen, lassen sich besser auf einer **Staffelei** ausführen. Es gibt Staffeleien in verschiedenster Ausführung, angefangen von kleineren Tischstaffeleien, über zusammenklappbare Feldstaffeleien bis hin zur äußerst standfesten, leider aber auch etwas teuren Atelierstaffelei. Sollten Sie sich zum Kauf einer Staffelei entschließen, achten Sie auf die nötige Standfestigkeit und leicht regulierbare Höhenverstellung. Malen Sie Ihre Bilder lieber liegend auf dem Tisch, vermeiden Sie mit der Hand oder der Kleidung in noch feuchte Farbflächen zu kommen. Aber auch die Maltechnik ist entscheidend, ob ein Bild stehend oder liegend gemalt werden kann. Bei Lasuren rinnt die mit Wasser stark verdünnte Farbe auf stehenden Bildflächen über den Bildgrund nach unten. Für diese Maltechnik sollte Ihr Bild möglichst waagrecht liegen.
Bei größeren Formaten in deckender Malweise ist das Arbeiten an der Staffelei ein großer Vorteil, denn Sie können so das Bildgeschehen besser beurteilen, schnell ein paar Schritte zurückgehen und die Wirkung mit Abstand betrachten. Das Malen auf stehendem Bildgrund bedarf mit Sicherheit einiger Übung, doch Sie werden bald die Vorteile einer Staffelei erkennen und zu schätzen wissen.

Malgründe

Acrylfarben haften auf den unterschiedlichsten Materialien. Die nachstehend genannten Malgründe eignen sich für die verschiedensten Techniken:

Papier
Am besten Aquarellpapier in guter Standfestigkeit – das Papiergewicht sollte mindestens 140 g/qm betragen – und mit mittlerer bis rauher Körnung. Aquarellpapier gibt es in Blocks oder als Einzelblätter im Fachhandel. Es braucht nicht grundiert zu werden. Verwendet man Einzelblätter, sollten sie mit Tesakrepp auf eine Hartfaserplatte aufgespannt werden, um einen stabilen Untergrund zum Malen zu haben. Papier eignet sich als Malgrund für dünnere Farbaufträge und Lasuren. Bei pastoser Malerei sollten Sie einem stabileren Malgrund den Vorzug geben.

Malkarton
Ein dicker, mit weißem Zeichenpapier kaschierter Karton, den es mit unterschiedlichen Oberflächenstrukturen gibt. Allzu glatte Malkartone sind nicht so gut geeignet. Feinere Strukturen sind für Detailarbeit besser, stark strukturierter Karton läßt großzügige Pinselstriche zu, bei denen der Untergrund mitspielen darf. Malkartone können mittels Reißzwecken oder doppelseitigem Klebeband auf der Hartfaserplatte befestigt werden.

Leinen-Malkarton
Eine mit Leinen kaschierte Pappe, die im Handel meist bereits mit einer Kombinationsgrundierung für Öl, Tempera, Acryl- und Alkydfarben versehen angeboten wird. Ausgesprochener Ölmalkarton ist mit einer Spezialgrundierung für Ölmalerei versehen und kann für Acrylfarben nicht verwendet werden.

Maltuche, Leinen
Sie gibt es im Fachhandel meist vorgrundiert in Rollen oder bereits fertig auf Keilrahmen aufgespannt. Leinen von der Rolle muß selbst aufgespannt werden. Es ist aber ohne weiteres möglich, Rohleinen zu kaufen, dies auf einen Keilrahmen aufzuspannen und mit einer 10 bis 25%ig verdünnten Acrylgrundierung zu versehen. Es gibt spezielles Grundierweiß. Ich persönlich habe aber sehr gute Erfahrungen mit weißer Acryldispersionswandfarbe gemacht, die preiswerter ist. Da diese Wandfarbe etwas kreidig auftrocknet und die Acrylfarbe in diesen Grund sehr schnell eindringt – ein zügiges Vermalen ist dann nicht so gut möglich – sollten Sie die Dispersionsfarbe mit Weißleim (z. B. Ponal) vermischt auftragen. Vermischen Sie zu gleichen Raumteilen Dispersionsfarbe, Ponal und Wasser und rühren Sie die Mischung gut durch. Meist genügen ein bis zwei Aufträge. Diese selbstgemischte Grundierung ist auch für Bildgründe aus Holz- oder Preßspan geeignet.

Holz
Span- oder Hartfaserplatten sollten fettfrei und nach Möglichkeit unlackiert sein. Lacke müssen entfernt oder aufgerauht werden. Holzplatten gleich welcher Stärke sollten Sie immer auf der Vorder- und Rückseite zugleich grundieren, da sich selbst sehr starkes Holz sonst wirft. Die Grundierung muß zweimal aufgetragen werden. Ist die erste Schicht gut durchgetrocknet, müssen Sie mit feinem Schleifpapier die durch Feuchtigkeit hochstehenden feinen Holzfasern entfernen und anschließend zum zweiten Mal grundieren.
Bei Preßspanplatten kann die rauhe Oberflächenstruktur des Grundes der

Grundieren einer Leinwand

Die straff aufgespannte Leinwand schräg stellen. Bei einer liegenden Leinwand können sich die Innenkanten des Keilrahmens abzeichnen, wenn die von der Grundierung feuchte Leinwand etwas durchhängt. Am leichtesten geht es auf einer Staffelei.

Die Leinwand wird netzartig überstrichen. Erst von oben nach unten, dann von links nach rechts.

Malerei eine äußerst interessante Wirkung geben (siehe Abbildung »Lache Bajazzo...«, S. 49).

Arbeitsplatz

Für jeden Maler ist es mit Sicherheit am schönsten, draußen in der Natur zu malen, die Dinge unter natürlichen Lichtverhältnissen vor Augen zu haben, die Stimmung der Landschaft in sich aufzunehmen und zu genießen, Details und Kleinigkeiten zu entdecken, zu sehen, zu fühlen, zu riechen und zu erleben. Doch leider läßt dies die Witterung nicht immer zu, und gar manches Mal erscheint der Arbeitsaufwand zu groß, all die Dinge, die man zum Malen benötigt, einzupacken, zu transportieren und das ganze unter erschwerten Bedingungen richtig aufzustellen und zu plazieren. Doch es genügt ja auch, mit dem Skizzenblock unterwegs zu sein, um Neues und Schönes zu entdecken. Viele Maler gehen diesen Weg und arbeiten zu Hause oder im Atelier später ihre Skizzen zu Bildern aus. Zu Hause hat man ja die Möglichkeit, sich ideale Arbeitsverhältnisse zu schaffen. Ein ausreichend großer Arbeitstisch oder eine Staffelei sollten in möglichst guten Lichtverhältnissen stehen. Das Tageslicht sollte für Rechtshänder von links einfallen, um zu vermeiden, daß die Hände Schatten auf das Bild werfen. Bei künstlichem Licht sollten Sie darauf achten, daß die Lichtquelle ausreichend hell und so angeordnet ist, daß Sie sie nicht geblendet werden. Künstliches Licht verändert die Farben, doch es gibt in Elektrofachgeschäften sogenannte Tageslichtleuchten oder auch Tageslichtbirnen, die sich in jede Fassung schrauben lassen. Solche Tageslichtbirnen sind eine Lichtquelle, die dem natürlichen Licht nahe kommt.

Für die Ordnung Ihres Arbeitsmaterials auf dem Arbeitstisch ist es gut, sich ein gewisses System anzugewöhnen, damit Sie im Arbeitseifer blind nach den Dingen greifen können, die Sie gerade benötigen. Für Rechtshänder ist es empfehlenswert, Wassergläser, Mallappen und Pinsel rechts vom Malbrett anzuordnen. Auch die Farbtuben oder -flaschen sollten ihren festen Platz bekommen. Die Palette nehmen Sie in die linke Hand. Falls sie eine Öffnung hat, greifen Sie mit dem Daumen durch und lassen die die Palette leicht auf der Hand aufliegen. Wenn die Palette in der Hand gehalten wird, werden Farbspritzer über das Bild vermieden. Beim Malen an der Staffelei bleibt Ihnen sowieso keine andere Möglichkeit.

Vor der Staffelei können Sie stehend oder sitzend malen. Auf alle Fälle sollten Sie diese so einstellen, daß sich Ihr Bildgrund in optimaler Arbeitshöhe befindet. Zweckmäßig ist ein kleines Tischchen rechts neben der Staffelei, auf dem die Farben, Wassergläser, Pinsel und Mallappen ihren Platz finden.

Die Farben auf der Palette sollten Sie auch nach einem gewissen System anordnen. Manche Maler setzen die kalten Farben von den warmen Farben getrennt auf. Ich wiederum habe lieber die Farben im Kontrast aufgesetzt und trenne die beiden Rot- und Blautöne. Denn wie schnell kann es im Arbeitseifer passieren, daß man nur ein kleines Stück daneben greift und das falsche Blau oder Rot auf den Pinsel nimmt. Sie müssen selbst entscheiden, wie es für Sie am zweckmäßigsten ist, aber wie immer Sie die Farben anordnen, Weiß sollte stets getrennt und mit Abstand zu den anderen Farben gesetzt werden, um ein zu rasches und unnötiges Verschmutzen zu vermeiden.

Farbenlehre

Blau, Gelb und Rot sind die sogenannten Elementar- oder Grundfarben. Aus diesen drei Farben lassen sich eigentlich alle Farbtöne ermischen. Mischt man jeweils zwei dieser Elementarfarben, entstehen weitere sogenannte Buntfarben oder Buntarten:

Gelb und Rot ergibt Orangetöne,
Rot und Blau ergibt Violettöne,
Blau und Gelb ergibt Grüntöne.

Jede dieser Buntfarben besitzt ihren eigenen Charakter und ihre Wertigkeit im Bildgeschehen. Weiß, Grau und Schwarz sind keine Buntfarben, sie werden als Unbunte oder »Nichtfarben« bezeichnet.

Gelb, Gelborange, Orange, Rotorange, Rot und Rotviolett empfindet man im allgemeinen als warme Farben, während Violett, Blauviolett, Blau, Blaugrün, Grün und Gelbgrün als kalt empfunden werden.

Wo Räumlichkeit durch Farbe erzielt werden soll, ist zu beachten, daß warme Farben dem Betrachter näher sind, sie scheinen in den Vordergrund zu rücken, kalte Farben dagegen wirken weiter entfernt und treten zurück.

Merke:
Warme Farben kommen nach vorne – kalte Farben treten zurück.

Gibt man Farben, die jeweils aus zwei Elementarfarben gemischt sind, nur wenige Pigmente der dritten Elementarfarbe zu, werden diese Farben stumpfer, sie erscheinen »schmutziger«. Will man eine Elementarfarbe abstumpfen, benötigt man dazu einen Mischton aus den beiden verbleibenden Grundfarben. Z. B. wird Rot durch eine kleine Spur Grün, gemischt aus Blau und Gelb, stumpfer.

Dies spielt wiederum bei räumlichen Wirkungen eine Rolle, denn reine, intensive Farbtöne treten nach vorne, stumpfe, schmutzige Farben dagegen rücken in den Hintergrund.

Merke:
Reinbunte Farben kommen nach vorne – stumpfe Farben treten zurück.

Auch der Hell- bzw. Dunkelgrad einer Farbe spielt eine Rolle. Helle Farben wirken entfernter als dunkle Farbtöne.

Merke:
Dunkle Farbtöne kommen nach vorne – helle Farben treten zurück.

Echtrosa

Signalrot

Ultramarinblau

Ceolinblau

Echtgelb

Hell- bzw. Dunkeltrübung der Farben

Im Gegensatz zu Aquarellfarben, bei denen bunte Farben durch starke Verdünnung mit Wasser heller gehalten werden und Weiß durch den Papieruntergrund dargestellt wird, benötigt man zum Aufhellen deckender Farben Weiß.

Die Farben reagieren unterschiedlich auf diese Weißbeimengung, die meisten erscheinen dadurch getrübt.

Eine warme Farbe, z. B. Rotorange verliert schnell ihren Charakter als warme Farbe, da Weiß jede bunte Farbe kälter erscheinen läßt. Coelinblau und Ultramarinblau dagegen vertragen eine Weißbeimengung recht gut, sie behalten ihren kühlen Charakter und verhältnismäßig lange den Blau-Ausdruck. Im Allgemeinen kann man jedoch bei der Ausmischung bunter Farben mit Weiß von einer sogenannten **Helltrübung** sprechen.

Ähnlich verhält es sich bei der Beimischung von Schwarz. Hier verlieren die Farben noch schneller ihren typischen Charakter. Gelb erscheint z. B. bereits mit geringen Mengen Schwarz gemischt als trübes Grün. Bei der Beimengung von Schwarz zu reinbunten Farben spricht man von einer **Dunkeltrübung.**

Nachfolgende Farbskalen zeigen Hell- bzw. Dunkeltrübungen der für dieses Buch vorgeschlagenen Farben und solcher, die aus jeweils zwei Grundfarben ermischt wurden.

Links sehen Sie, wie sich die vorgeschlagenen Grundfarben Echtrosa, Signalrot, Ultramarinblau, Coelinblau und Echtgelb durch die Beimischung von Weiß bzw. Schwarz verändern. Bei der Schwarzausmischung erscheinen die Farben relativ schnell deutlich getrübt, bei den Weißausmischungen behalten die Farben ihren Wert etwas länger, erst die helleren Farbwerte sind deutlich getrübt.

Gelborange – Orange – Rotorange, gemischt aus Gelb und Echtrosa

Mischt man Echtrosa mit Gelb, so ergibt dies stumpfe Orangetöne, da Echtrosa bereits Blaupigmente enthält. Bei der Weißausmischung entstehen bei Orange und Rotorange »Fleischtöne«. Mischt man Gelborange mit Schwarz, erhält man Olivgrüntöne. Schwarz und Orange verändert sich zu Gelbbrauntönen, und Rotorange und Schwarz wird zu Rotbraun.

Gelborange – Orange – Rotorange gemischt aus Gelb und Signalrot

Hier entstehen leuchtende Orangetöne, die Weißausmischung ist weniger getrübt, bei der Schwarzausmischung entstehen klare Gelbbraun- bis Rotbrauntöne.

Gelbgrün – Grün – Blaugrün, gemischt aus Gelb und Ultramarinblau

ergibt verhältnismäßig stumpfe Grüntöne, da Ultramarinblau bereits einen leichten Stich ins Violette besitzt. Gemischt mit Weiß entstehen matte Grüntöne, bei der Beigabe von Schwarz ist zu beachten, wie schnell Blaugrün den Grüncharakter verliert.

Gelbgrün – Grün – Blaugrün, gemischt aus Gelb und Coelinblau

Gelb und Coelinblau ergeben leuchtende Grüntöne. Die Helltrübung scheint sich hier ebenfalls nicht so schnell auszuwirken. Bei der Zugabe von Schwarz behält Blaugrün wesentlich länger seinen Charakter.

Rotviolett – Violett – Blauviolett, gemischt aus Echtrosa und Ultramarinblau

Hier entstehen leuchtende Violettöne, die etwas wärmer erscheinen als die aus der Mischung von Echtrosa und Coelinblau. Die Weißausmischung trübt unterschiedlich, bei der Schwarzbeimengung verlieren alle Farben schnell an Buntheit.

Rotviolett – Violett – Blauviolett, gemischt aus Echtrosa und Coelinblau

Leicht stumpf und etwas kälter wirken diese Violettöne. Durch die Beimengung von Weiß trübt sich Rotviolett etwas schneller als Blauviolett. Mischt man Schwarz bei, halten sich die Farben etwas länger als bei den Violettönen aus Ultramarinblau und Echtrosa.

Rotviolett – Violett – Blauviolett, gemischt aus Signalrot und Ultramarinblau

Hier entstehen stumpfe, dunkle Violettöne, die zum Teil einen Brauncharakter annehmen, da Signalrot bereits leicht ins Orange geht. Bei der Weißausmischung gewinnen die Farben mehr an Ausdruck, bei der Zugabe von Schwarz verlieren die Farben schnell an Buntheit.

Rotviolett – Violett – Blauviolett, gemischt aus Signalrot und Coelinblau

Die Violettöne sind noch etwas stumpfer als die aus der Mischung mit Ultramarinblau, bekommen mit Weiß etwas mehr Ausdruck und sind von Schwarz sehr schnell gesättigt.

Übung im Hell- oder Dunkeltrüben: Stilleben mit Krug, Schale und Apfel

Acryl auf Papier
29 x 31 cm

Im Nachvollzug dieses Stillebens können Sie die vorige Farbenlehre praktisch erproben. Sie üben den Umgang mit Acrylfarbe und werden dabei erste Erfahrungen in der Verarbeitung dieser Farbe sammeln: beispielsweise die Streichfähigkeit kennenlernen und erfahren, wieviel Farbe angemischt werden muß, um eine bestimmte Fläche anzulegen, und wie das Zugeben von wenigen Spuren Weiß oder Schwarz die Ausgangsfarbe verändert.

Um Ihnen den Einstieg etwas zu erleichtern, sind bei diesem Bild keine weichen, stufenlosen Farbübergänge und Verläufe vorgesehen. Es werden klar umgrenzte Farbflächen in helldunkel gestalteter Farbfolge nebeneinander gestellt und damit die Räumlichkeit der Gegenstände betont. Sie benötigen für dieses Bild Signalrot, Ultramarinblau, Gelb, Schwarz und Weiß. Die Violettöne werden aus Signalrot und Ultramarinblau, die Grüntöne aus Gelb und Schwarz gemischt. Als Malgrund können Sie ausreichend starkes Aquarellpapier oder grundiertes Holz benützen. Aquarellpapier muß vorher nicht grundiert werden.

Mit einem weichen Bleistift skizzieren Sie die Umrisse des Kruges, der Schale und des Apfels. Den Hintergrund sollten Sie nur mit einigen diagonalen Strichen andeuten. Um ein vorzeitiges Antrocknen der Farben zu vermeiden, geben Sie diese erst auf die Palette, wenn die Komposition steht und die Skizze zu Ihrer Zufriedenheit ausgefallen ist. Pinsel, ausreichend sauberes Wasser und der Mallappen sollten bereitgelegt sein. Benützen Sie für dieses Bild Ihre Flachpinsel in Borsten und Haarqualität sowie einen feineren Rundpinsel für die detaillierteren Striche.

Das Anlegen des Farbengrundes
Grundsätzlich sollten Sie bei Acrylfarben einen Farbengrund anlegen. Bei diesem werden nach dem Skizzieren Hinter- und Vordergrund sowie die einzelnen Objekte mit einer verdünnten Farbschicht der jeweiligen Grundfarbe bedeckt. Der flächige Auftrag dieser Farbschicht verhindert beim weiteren Malen das Durchscheinen des Malgrundes und hilft, den farblichen Aufbau Ihres Bildes zu beurteilen. Das Zusammenspiel der von Ihnen gesetzten Farben wird deutlich sichtbar und kann noch ohne großen Aufwand abgeändert werden. Die Farben sollten dabei soweit verdünnt werden, daß die Skizze noch durchscheint.

In der Acrylmalerei arbeitet man von hinten nach vorne und in den Gegenständen vom Dunklen ins Helle. Demzufolge muß als erstes der Hintergrund farbig angelegt werden. Da Acrylfarben deckend sind, können Sie dabei ohne weiteres mit der Farbe über die Konturen Ihrer skizzierten Gegenstände hinausgehen, ja Sie sollten sich dieses leichte Überschreiten der Konturen sogar angewöhnen. Damit können Sie vermeiden, daß Ihnen eventuell an den Konturrändern Farbe des Hintergrundes fehlt. Selbst geringe Zwischenräume sog. »Blitzer« werden später sichtbar, und es ist wesentlich schwieriger, diese Stellen im nachhinein abzudecken. Oft ist die verwandte Farbe bereits angetrocknet und muß neu ausgemischt werden. Geben Sie auf Ihre Palette ausrei-

chend Gelb, Schwarz und Weiß. Ultramarinblau und Signalrot benötigen Sie vorerst noch nicht. Eine der diagonalen Flächen des Hintergrundes wird mit reinem Gelb angelegt. Der Farbe aus der Tube sollten Sie dabei soviel Wasser zusetzen, bis Sie eine »sahnige« Konsistenz annimmt. Nachdem die gelbe Fläche in diagonalen Strichen mit dem Borstenpinsel gemalt ist, nehmen Sie wieder etwas Gelb und mischen es mit Weiß zu einem helleren Ton. Mit dieser Mischung können Sie die darunterliegende Fläche malen. Für die dritte, noch etwas hellere Fläche wird der Farbe noch mehr Weiß zugesetzt.

Grundkomposition
Beginnen Sie mit den Farbflächen, bei denen Gelb mit Weiß ausgemischt wird. Erst dann können Sie dem restlichen reinen Gelb etwas Schwarz zufügen, um einen mittleren Grünwert zu erhalten. Mit diesem Grün bedecken Sie die Fläche, die sich oberhalb Ihrer Gelbfläche befindet. Gut zwei Drittel dieser angemischten grünen Farbe benötigen Sie für den oberen Hintergrund. Geben Sie diesem Grün etwas Weiß zu und führen Sie den oberen Teil mit senkrechten Strichen aus. Nun lassen Sie die Farbe auf Ihrem Bild trocknen.

In der Zwischenzeit können Sie das restliche Grün mit Schwarz zu zwei weiteren dunkleren Grüntönen mischen und damit den Hintergrund fertig anlegen.

Nun müssen Sie einige Zeit warten, bis die Farben vollständig getrocknet sind. Diese Zeit können Sie dazu nützen, aus Ultramarinblau und Signalrot jeweils einen Blauviolett- sowie einen Rotvioletton zu mischen. Setzen Sie eine ausreichende Menge dieser Mischtöne an. Denn etwa die Hälfte der Farbe benötigen Sie für den Farbengrund der Gegenstände und die restliche Farbe für deren Ausarbeitung.

Der Farbengrund der Gegenstände sollte ebenfalls in »sahniger« Konsistenz möglichst homogen und an

den Konturrändern genau ausgeführt sein. Wie der Farbauftrag aussehen sollte, können Sie an dem Krug erkennen. Auch die Schale und der Apfel müssen in Rotviolett bzw. Rot grundiert werden. Die homogene Grundierung verhindert wie beim Hintergrund, daß der weiße Malgrund durchschimmert. Sie erleichtert die spätere Ausarbeitung der Gegenstände wesentlich.

Die Räumlichkeit dieses Bildes verstärken Sie, wenn Sie den Krug in Blauviolett , die Schale in Rotviolett und den Apfel in Rot anlegen. Wie Sie ja bereits wissen, treten kühlere Farben – hier das Blauviolett – zurück und wärmere Farben – das Rotviolett und das Rot – kommen in den Vordergrund.

Betrachten Sie Ihr Bild nun genau und überprüfen Sie, ob alle Flächen mit Farbe bedeckt sind und der Malgrund nirgends mehr sichtbar ist. Jetzt können Sie noch leicht Korrekturen am Hinter- bzw. Farbengrund vornehmen.

Detailarbeit
Erst wenn die Farben Ihres Bildes vollständig getrocknet sind, können Sie mit der Ausarbeitung der Gegenstände beginnen. Die Farben auf Ihrer Palette sollten Sie währenddessen abdecken, z. B. mit Haushaltsfolie, damit sich keine Haut bildet oder sie gar vollständig eintrocknen.

Die Gegenstände werden ebenfalls von hinten nach vorne erarbeitet. Deshalb sollten Sie mit dem Krug beginnen. Die Farben müssen jetzt nicht mehr so stark verdünnt werden. Es genügt, den Pinsel immer wieder in sauberes Wasser zu tauchen. Vom angemischten Blauvioletton verwenden Sie einen Teil für die Ausmischung mit Weiß für hellere Töne, einen Teil gemischt mit Schwarz für dunklere und einen Teil für die reinen Blauvioletttöne Ihres Kruges. Wählen Sie eine Licht- und Schattenseite und setzen Sie die abgestuften Töne flächig nebeneinander. Betrachten Sie dabei Ihr Bild immer wieder mit Abstand und beginnen Sie mit den dunkleren Farbtönen. Die Farbflächen müssen so verteilt werden, daß der Krug Räumlichkeit bekommt und seine Rundung deutlich sichtbar wird. Benützen Sie dazu einen etwas schmaleren Flachpinsel und lassen Sie die Pinselstriche zum Teil etwas ausgefranst enden. Mit feinem Rundpinsel wird der obere und untere Rand des Krughalses in Weiß und einem dunklen Violetton in möglichst dünnen Pinselstrichen gemalt. Einige weiße Lichtflecke vervollständigen den Krug.

In gleicher Art wird die Schale gemalt. Beachten Sie dabei die unterschiedliche Strichführung. Der helle Rand der Schale ist ebenfalls mit dem Rundpinsel ausgeführt. Bei dem roten Apfel im Vordergrund sind die Farbflächen in kleinerer Figuration gesetzt und zum Teil nur noch als Striche sichtbar.

Um den Hintergrund etwas lebhafter zu gestalten, unterteilen Sie die Gelbfläche mit senkrechten Strichen. Einen Teil sollten Sie mit Schwarz zu Grüntönen und einen kleineren Teil mit Weiß zu helleren Tönen abstufen. Beachten Sie Ihr Bild aus einem gewissen Abstand und nehmen Sie, falls nötig, noch kleinere Korrekturen vor. Nach Fertigstellung und Trocknung wird das Bild mit Acryl-Transparentlack glänzend überzogen, der im Verhältnis 1 : 1 mit Wasser verdünnt wurde.

Beim Nacharbeiten dieses Bildes konnten Sie nun schon viel über den Umgang mit der Farbe lernen und damit die ersten Hürden der Acrylmalerei nehmen. Schnell passiert es beispielsweise, daß die angemischte Farbe nicht ausreicht und frisch angesetzt werden muß oder daß zuviel oder zuwenig Weiß oder Schwarz beigemischt wurde. Doch mit etwas mehr Übung werden Sie alles besser einschätzen lernen.

»Tulpenblüten« von Christine Euba

Acryl auf Papier
46 x 34 cm

Dieses Bild zeigt das Ergebnis einer Übung zur Hell- bzw. Dunkeltrübung der Farben.

Die Violettöne des Hintergrundes sind aus Ultramarinblau und Echtrosa gemischt. Das Grün der Blätter entstand aus Gelb und Schwarz, dem teilweise noch leicht Weiß zugesetzt wurde. Zu beachten ist auch die An-

ordnung der Tulpenblüten. Die linke untere Blüte erscheint nur angeschnitten auf der Bildfläche. Diese Komposition erzeugt im Bild mehr Spannung und bringt zusätzlich räumliche Tiefe.

Zur Verdeutlichung dieser kompositionellen Lösung zum Vergleich zwei Skizzen

Man glaubt, die Tulpen aus einigem Abstand zu betrachten. Das Bild erscheint klar abgegrenzt und zeigt zwei einzelne Tulpenblüten.

Dieses Bild vermittelt trotz gleicher Größe der Blüten durch das Anschneiden der linken unteren Tulpe den Eindruck, als würde man inmitten eines Tulpenbeetes stehen und eigentlich nicht nur zwei, sondern wesentlich mehr Blüten seien vorhanden.

Grundlegende Maltechniken

In der Acrylmalerei gibt es zwei Haupttechniken, die sich in der Ausführung, ihrer Art und Wirkung grundsätzlich voneinander unterscheiden. Dies ist einmal die **deckende** und zum anderen die **transparente** Malweise.

Wie schon der Name »deckende« Malweise aussagt, wird mit satter, kaum verdünnter Farbe gearbeitet. Die Farbaufträge sind deshalb deckend. Bei transparenter Arbeitsweise wird mit mehr oder minder stark verdünnter Farbe gemalt. Der Untergrund bleibt durch die dünnen Farbschichten hindurch sichtbar und beeinflußt die Bildwirkung entscheidend.

Zu jeder dieser Haupttechniken gehören Nebentechniken. Zu den **Nebentechniken der deckenden Art** zählen:

Schraffieren
Hier werden Farbaufträge erreicht, die aus einigem Abstand betrachtet weich ineinander übergehen.

Granulieren
Hier ist der Pinselstrich sichtbar und die Oberflächenbeschaffenheit des Malgrundes wirkt mit, ja spielt sogar eine entscheidende Rolle.

Deckende Naß-in-Naß-Malerei
Sie wird auch beim Malen mit Ölfarben praktiziert, unterscheidet sich aber von der Naß-in-Naß-Technik der Aquarellfarben. Bei der deckenden Art mit Acrylfarben werden mehrere Farben gleichzeitig auf den Pinsel genommen und ähnlich wie in der Bauernmalerei durch das rasche Hin- und Herbewegen des Pinsels miteinander teilweise vermischt.

»Rotes Feld«

Acryl auf Hartfaserplatte
60 x 50 cm

Ein weiteres Beispiel für die Hell- bzw. Dunkeltrübung der Farben ist dieses Bild. Ein Mohnfeld in der Toskana inspirierte dazu. Dicht an dicht standen die leuchtenden Blütenköpfe des Mohnes und bildeten eine große Fläche bezwingenden Rotes. Nur vereinzelt waren grüne Gräser und Halme zu erblicken. Der Eindruck dieses Feldes zwang mich dazu, das leuchtende Rot nur als Farbfläche zu setzen. Im oberen Teil tönte ich es leicht mit Schwarz ab und ein schwarzbrauner Ast, gemischt aus Signalrot und Schwarz, scheint diese Farbfläche aufzuteilen. Links unten, konzentriert und stilisiert dargestellt, befinden sich die wenigen Grashalme, die auf dem Feld zu erblicken waren. Verschiedene Gelb-, Blau- und Grüntöne, teils mit Weiß, teils mit Schwarz ausgemischt, stehen in reizvollem Kontrast zu dem roten Hintergrund.

Pastose Malweise
Hier werden dicke Farbaufträge mit unverdünnter Farbe und Beimischung eines Malmittels mit Spachtel, Palettmesser oder Schwamm aufgebracht.

Die **Nebentechniken der transparenten Malweise** sind:

Lasur
Hier werden stark verdünnte Farbschichten aufeinander gelegt und dadurch optische Farbmischungen erreicht (vgl. S. 28).

Lasur mit Untermalung
Sie wird auch Technik der »alten Meister« genannt. Hier werden nach Anlegen des Farbengrundes die lichtbeschienenen Partien mit Weiß und die Schattenstellen mit einem dunklen Farbton festgelegt. Anschließend wird auf dieser Untermalung mit transparenten Farbschichten gearbeitet. Die Licht- und Schattenflächen nehmen dabei einen Hauch der Farbe des Objektes an und verschmelzen harmonisch miteinander.

Transparente Naß-in-Naß-Malerei
Sie wird auf feuchtem Malgrund durchgeführt, und man kann mit ihr bedingt ein Ausblühen der Farben ähnlich wie in der Aquarellmalerei erreichen.

Das folgende Kapitel beschäftigt sich mit diesen Haupt- und Nebentechniken der Acrylmalerei, die Schritt für Schritt nachvollzogen und erlernt werden können. Jede dieser Malweisen besitzt ihre bestimmte Einsatzmöglichkeit, und gute Bilder können sogar alle Techniken in sich vereinen. Zum besseren Verständnis, und um das Erlernen zu erleichtern, sind die folgenden Übungsbeispiele nach Möglichkeit ausschließlich in den genannten Techniken ausgeführt.

Deckende Malweise

Merke:
Bei der deckenden Malweise wird die Farbe nur soweit verdünnt, daß darunterliegende Farbschichten weitgehend abgedeckt werden.

Übung in deckender Naß-in-Naß-Malerei: Landschaft

Acryl auf Papier
26 x 21 cm

Im Nacharbeiten dieser Landschaft lernen Sie, ein Bild Schritt für Schritt in der richtigen Reihenfolge aufzubauen. Zugleich erfahren Sie einiges über die deckende Naß-in-Naß-Malerei, die kompositionell sinnvolle Aufteilung eines Bildes sowie eine gekonnte Pinselführung. Das Landschaftsbild wird auf Aquarellpapier mittlerer Körnung gemalt. Ich empfehle Ihnen für den Anfang, Ihre Bilder auf diesem Malgrund oder auf Malkarton auszuführen.

Die vor Ort entstandene Skizze zeigt eine Landschaft mit hügeligen Wiesen und Feldern und einen tiefer liegenden Weg, der zu einer kleinen Häusergruppe am Waldesrand ansteigt. Auf der rechten Seite stehen im Vordergrund zwei größere Bäume.

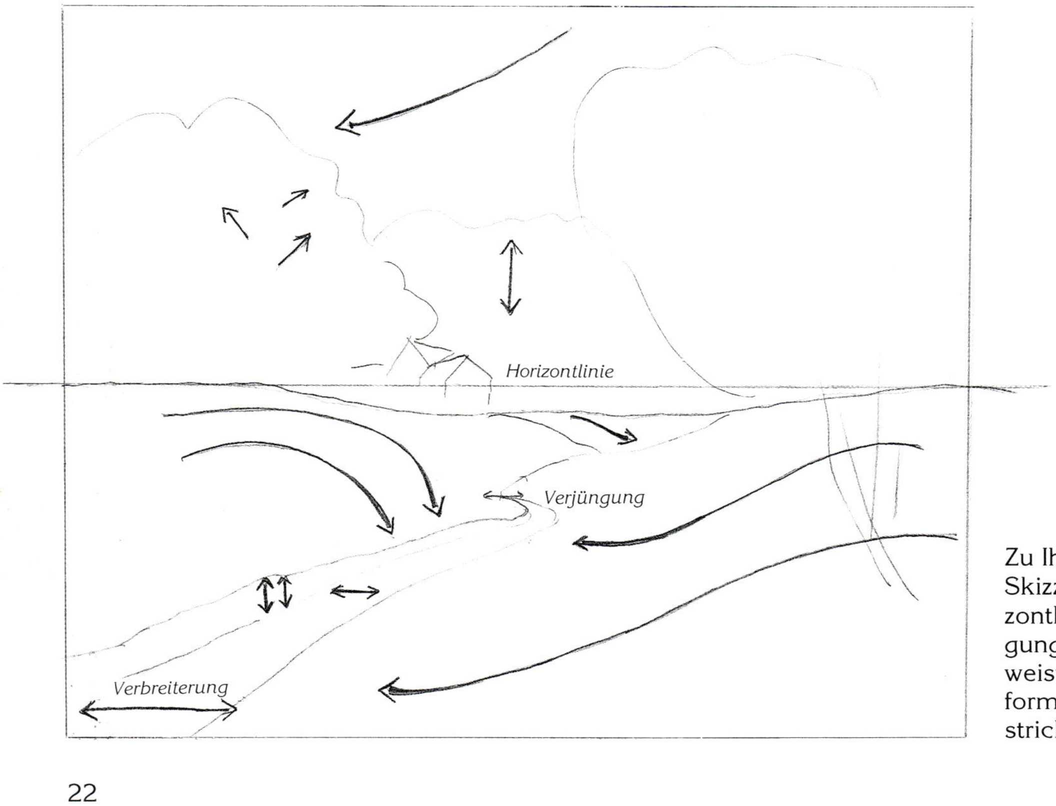

Zu Ihrer Hilfe habe ich diese weitere Skizze angefertigt, die Ihnen die Horizontlinie aufzeigt und auf die Verjüngung des Weges zum Horizont hinweist. Die Pfeile zeigen die jeweilige formgebende Führung des Pinselstriches an.

Mit einem weichem Blei- oder Kohlestift skizzieren Sie mit einigen Strichen die Verteilung von Wiesen und Feldern, Weg, Häuser und die Umrisse der Baumgruppen im Vorder- und Hintergrund. Beginnen Sie dabei mit der Horizontlinie, die sich waagrecht vom unteren Teil des vorderen Waldrandes über die Häuser und das braune Feld zieht. Dabei sollten Sie beachten, daß der Bereich des Himmels knapp 2/3 Ihres Bildformates einnimmt.

Farbengrund anlegen

Verwenden Sie Ultramarinblau, Gelb, Signalrot, Schwarz und Weiß. Für den Himmel fügen Sie Ultramarinblau, eine kleine Pinselspitze Schwarz und soviel Weiß zu, bis Sie ein leicht getrübtes Blau erhalten. Diese Farbmischung tragen Sie mit leicht diagonalen Strichen bis zur Horizontlinie auf, die Sie, wie auf S. 15 erläutert, leicht übermalen sollten. Bis die Farbe des Himmels abgetrocknet ist, können Sie aus Gelb, Schwarz und Weiß verschiedene Grüntöne anmischen. Das Braun des hinteren Feldes entsteht aus Signalrot und Schwarz, für die Farbe des Weges wird etwas Gelb zugesetzt.

Beginnen Sie mit den helleren Grünwerten und beachten Sie beim Auftragen der Farbe die Strichführung des Pinsels. Im rechten Teil sollte dieser in sanftem Schwung zum Weg geführt werden, links in einem starken Bogen, damit der steile Abhang der Wiese deutlich sichtbar wird. Als nächstes folgt das braune Feld im Hintergrund und der Weg. Beides wird in kurzen waagerechten Strichen angedeutet. Der Schatten unterhalb des steil abfallenden Wiesenstückes am Wegrand wird mit senkrechten Pinselstrichen in dunklem Grün ausgeführt. Dieses dunkle Grün erscheint mit einem formbeschreibenden Strich ebenfalls als Schatten unter der großen Baumgruppe rechts im Vordergrund.

Für den Wald im Hintergrund mischen Sie der Farbe des Himmels noch etwas Ultramarinblau und eine kleine Spur Schwarz zu. Führen Sie ihn in senkrechten Strichen aus. Ist diese Farbschicht abgetrocknet, können Sie mit Gelbgrün, gemischt aus Ultramarinblau und Gelb, die Baumgruppe auf der Horizontlinie und mit Signalrot und Weiß die Häuser anlegen. Die Baumstämme im Vordergrund werden mit einem dunklen Braun, gemischt aus Signalrot und Schwarz, im Mittelgrund mit einem helleren Braunton, einer Mischung aus Signalrot, Schwarz und Gelb, mit dem Rundpinsel gemalt.

Die weitere Ausarbeitung des Landschaftsbildes erfolgt in deckender Naß-in-Naß-Malerei.

Deckende Naß-in-Naß-Malerei

Bei dieser Malweise werden Farbtöne auf noch feuchter Malschicht mit dem Pinsel direkt auf dem Farbengrund ermischt. Die Ausgangsfarben sollten dabei partienweise noch rein und unvermischt bleiben und sich allmählich zu einer neuen Farbe verbinden. Es können auch gleichzeitig zwei oder drei Farben auf den Pinsel genommen werden, die sich dann auf dem Malgrund verbinden und einen neuen Farbton ergeben. Dabei spielt die Reihenfolge der Aufnahme der Farbe auf den Pinsel eine wesentliche Rolle. Die zuletzt aufgenommene Farbe wird in reinem Ton sichtbar sein und sich mit den darunterliegenden vermischen. Es ist zwingend notwendig, den Pinsel zwischendurch immer wieder gründlich auszuwaschen, um nicht zuletzt einen einheitlichen Grauton zu erreichen.

Merke:
In der deckenden Naß-in-Naß-Malerei werden verschiedene Farbtöne im feuchtem Zustand direkt auf dem Malgrund teilweise vermischt.

Beginnen Sie mit dem Himmel und nehmen Sie zuerst Blau und dann Weiß auf den Pinsel. Verwenden Sie dazu einen Rundpinsel Nr. 7 in Haarqualität. Führen Sie Ihren Pinsel in einem leichten Bogen. Sollten dabei zu stark ausgeprägte Weißstellen entstehen, können Sie diese durch weiches Hin- und Herbewegen des Pinsels zu einem hellen Blau vermalen.

Der Wald im Hintergrund wird im gleichen Blauton ausgeführt, dem Sie eine Spur Gelb zugeben. Hier sollten Sie die Farben ziemlich miteinander vermalen und das Gelb nicht rein erscheinen lassen. Für das Laub der Bäume im Mittel- und Vordergrund müssen Sie dunkles Schwarzgrün mit hellerem Grün und dieses mit Weiß und Gelb direkt auf dem Farbengrund vermischen. Beginnen Sie dabei mit den Schattenstellen in den Bäumen und setzen Sie zuletzt die Lichtflecke auf. Die Wiesen und Felder im Vordergrund werden auf die gleiche Art differenzierter gestaltet. Die Baumstämme im Vordergrund erhalten ebenfalls eine Licht- und Schattenseite und die Farbe des Weges wird vertieft.

Zuletzt arbeiten Sie die Dächer der Häuser mit Rotbraun, ein Mischton aus Signalrot und Schwarz, noch etwas aus und fügen am oberen Rand des braunen Feldes eine Buschreihe hinzu. Mit dem Rundpinsel Nr. 2 malen Sie dann in feinen Strichen die Gräser im Vordergrund.

Betrachten Sie Ihr Bild aus einigem Abstand und nehmen Sie gegebenenfalls noch kleinere Änderungen vor.

»Taglilien«

Acryl auf Leinwand
140 x 140 cm

In deckender Naß-in-Naß-Malerei ist dieses großformatige Bild ausgeführt. Der Hintergrund besteht aus hellen Rosa-, Gelb- und Violettönen, die ich mit einem breiten Flachpinsel direkt auf der Leinwand ineinander vermalte.

Dieses Bild entstand an einem Vormittag in meinem Garten. Es waren die verblühten Taglilien des Vortages zu sehen, die des heutigen Tages waren fast ganz geöffnet und die Knospen für den morgigen bereits prall gefüllt. Dieses gleichzeitige Vorhandensein von Aufblühen, Blühen und Vergehen – der ewige Kreislauf der Natur – versuchte ich in diesem Bild einzufangen. Bei den Blüten nahm ich gleichzeitig Rot und Gelb auf den Pinsel und setzte, während die Farbe noch feucht war, helle und dunkle Stellen in die Blütenblätter.

»Manöver – die Roten und die Blauen«

Acryl auf Leinwand
80 x 65 cm

Ebenfalls überwiegend in deckender Naß-in-Naß-Malerei ist dieses Bild ausgeführt. Es zeigt zwei Gruppen von Menschen, die sich anscheinend abwartend gegenüberstehen. Die Figuren sind leicht abstrahiert dargestellt, die Gruppe der »Roten«, die vor einem dunklen Hintergrund steht, scheint mehr in Bewegung, während die »Blauen« ruhig, fast teilnahmslos verharren. Der Eindruck von Ruhe und Bewegung wird noch durch die Wahl der Farben verstärkt. Warme Farbtöne suggerieren Leben, während Blau stets ruhig und entfernt wirkt. In diesem Bild ist die Farbe wie die Form für die Wirkung maßgebend. Blau und Rot bilden einen sogenannten polaren oder harten Farbkontrast. Polarer Kontrast bezeichnet die Beziehung zweier Elementarfarben zueinander.

Transparente Malweise

Bei dieser Maltechnik, die auch Lasur genannt wird, werden stark verdünnte Farbschichten übereinander gelegt. Die darunterliegenden Farbschichten müssen dabei stets getrocknet sein. Durch die Verdünnung wird die Farbe transparent, ohne jedoch Ihre Leuchtkraft zu verlieren. Darunterliegende Farben und Formen scheinen durch. Als Verdünnungsmittel kann Wasser benützt werden.

Merke:
In der transparenter Malweise oder Lasur werden stark verdünnte Farbschichten übereinander gelegt. Darunterliegende Farben müssen stets abgetrocknet sein.

In der Lasur entstehen sogenannte »optische Farbmischungen«. Um diesen Begriff besser zu verstehen, sollte man einiges über die Veränderung von Farbtönen durch Mischen wissen.

Farbmischungen

Es gibt in der Malerei drei Möglichkeiten Farbtöne zu verändern:

- **die stoffliche oder reale Farbmischung:**
das Vermengen der Farbe auf der Palette. Die Farben werden miteinander so vermischt, daß ein homogener, neuer Farbton entsteht.

- **die optisch – subtraktive Farbmischung:**
das Mischungsresultat entsteht durch Übereinanderlegen transparenter oder lasierender Farben. Da die darunterliegende Farbschicht bei einem transparenten Farbauftrag stets durchschimmert, verbinden sich die einzelnen Schichten optisch zu einem neuen Farbton, wobei die zuletzt vorgenommene Lasur die größere Bedeutung gewinnt.

- **die optisch-partitive Farbmischung:**
bei der kleine Farbpunkte durch geringe Flächengröße und entsprechende Distanz des Auges zur Bildfläche so verschmelzen, daß sie einzeln mit dem bloßen Auge nicht wahrgenommen werden und optisch ein neuer Farbton entsteht. Denken Sie dabei z. B. an ein kleinteiliges Mosaik oder verschiedenfarbig ineinandergewobene Fäden eines Gewebes. Aus dieser Art der Farbmischung hat sich eine Kunstrichtung, der sogenannte Pointilismus, entwickelt.

Übung in transparenter oder lasierender Malweise: Städtebild

Acryl auf Papier
29 x 32 cm

Dieses Bild ist eine gute Übung in der Technik des optisch-subtraktiven Farbmischens. Das Bild ist in klar umgrenzten Farbflächen gehalten, damit die Mischungsergebnisse deutlicher werden. Bei der Lasur sollten Sie nicht die Staffelei, sondern einen Arbeitstisch benützen, da bei stehendem Bildgrund die stark verdünnte Farbe nach unten rinnt.

Als Verdünnungsmittel ist Wasser vollkommen ausreichend. Es kann jedoch auch zu gleichen Teilen mit Wasser verdünnter Acryl-Transparentlack benützt werden. Mit Transparentlack angemischte Lasuren trocknen etwas schneller auf. Die Pinsel müssen anschließend gründlich gereinigt werden, um alle Lackreste aus ihnen zu entfernen.

Für das Anmischen der verschiedenen Farblasuren eignen sich hervorragend kleine, gut verschließbare Gläser, in denen Farbreste auch über einen längeren Zeitraum aufbewahrt werden können.

Als Malgrund können Sie Aquarellpapier, besser noch Malkarton, Holz oder Leinwand verwenden. Am ausdrucksstärksten sind Lasuren auf Leinwand.

Skizzieren Sie einfache Hausformen, die sich zum Teil überlappen. Der Farbengrund für Ihr Bild sollte aus dem vorgeschlagenen Grundsortiment aufgebaut werden, damit Sie besser entdecken können, wie sich die Farben optisch verändern. Eine Lasur von Gelb auf Rot ergibt einen deutlichen anderen Orangewert als die Lasur von Rot auf Gelb usw. Legen Sie mit Coelinblau, Ultramarinblau, Echtrosa, Signalrot, Gelb, Weiß und Schwarz verschieden angeordnete Farbflächen an. Dabei müssen Sie die Formen der Häuser nicht berücksichtigen. Lassen Sie den Farbengrund abtrocknen.

Zum Verdünnen der Farben geben Sie in ein Glas etwa einen Finger breit sauberes, kaltes Wasser und fügen diesem etwa zwei Pinselspitzen Farbe zu.

Beides muß gut miteinander vermengt werden. Setzen Sie Lasuren aus allen vorgeschlagenen Grundfarben an, so daß Sie über eine Palette von verdünntem Coelin-, Ultramarinblau, Echtrosa, Signalrot, Gelb, Weiß und Schwarz verfügen. Malen Sie mit einem flachen Haarpinsel die verschiedenen Hausformen in unterschiedlichen Farben aus und achten Sie dabei auf saubere Konturen. Die Lasur darf nur auf abgetrocknetem Untergrund vorgenommen werden.

Achten Sie darauf, wenn sich Formen überlappen. Tragen Sie die Farben in bunter Reihenfolge auf, so daß z. B. auf blauer Grundfläche Rosa, Gelb, Rot, Weiß und Schwarz erscheint.

Tragen Sie immer mehr Lasuren auf, einige der Häuser können ruhig drei oder mehr Farbschichten übereinander erhalten. Beachten Sie dabei die entstehenden optischen Farbveränderungen. Mit Weiß und Schwarz sollten Sie behutsam umgehen, beide Farben besitzen eine starke Deckkraft. Versuchen Sie, Ihrem Bild farblich Spannung zu geben, indem Sie gezielt leuchtende Farbtöne einsetzen. Legen Sie Ihr Augenmerk auf die Stellen, an denen Schwarz direkt neben warmem, leuchtendem Gelb oder kühles Blaugrün neben flammendem Rot stehen.

Mit deckendem Schwarz malen Sie die beiden oberen rechten Dächer. Einige gezielt gesetzte geometrische Formen ebenfalls in Schwarz geben Ihrem Bild mehr Ausdruckskraft. Auch der Himmel sollte mit Schwarz lasiert werden. Stellen Sie Ihren Bildgrund hierfür senkrecht und lassen Sie die Lasur leicht nach unten rinnen.

Betrachten Sie Ihr Bild immer wieder aus einigem Abstand und nehmen Sie wenn notwendig noch Farbveränderungen vor.

Nach Trocknung sollten Sie Ihr Bild mit verdünntem Transparentlack glänzend überziehen.

»Das Auge der Kirche von Sovicille«

Acryl auf Leinwand
50 x 60 cm

Sovicille ist ein kleiner Ort in der Toskana. Das Bild entstand an einem Sonntagmorgen. Die Einwohner des Ortes waren zur Messe gegangen und nur ab und zu störte ein heimkehrender Jäger mit seinem Hund die Stille auf dem Kirchplatz. Die Kirche hatte ein rundes Fenster aus hauchdünn geschliffenem violetten Marmor, auf das direkt die Vormittagssonne fiel. Als ich leicht die Augen zusammenkniff, schien es mir, als würde sich das runde Kirchenfenster plötzlich zu drehen beginnen, und ich wollte diesen kurzen Eindruck in ein Bild umwandeln. Um die Wärme der Sonne und die Kühle des Schattens wiederzugeben, teilte ich das Bild in eine rotorange und in eine blaue Fläche ein. Mit vielen Lasurschichten in kubischer Form versuchte ich, die Kirche und die umliegenden Baulichkeiten wiederzugeben. Der kurze Augenblick der Drehung des Fensters und das Blitzen der Sonne auf dem violetten Marmor war mir sehr wichtig. Dieser Moment erscheint im Vordergrund. Durch subtil aufgesetzte Lasurschichten kommt die Struktur der Leinwand voll zur Geltung.

Nebentechniken in deckender Malweise

Das folgende Kapitel beschäftigt sich mit Techniken, die gemeinsam haben, daß die Farbe wenig oder kaum verdünnt wird – sie sollte gerade streichfähig sein – sich aber durch Pinselart, Haar- oder Borstenqualität und Pinselführung unterscheiden. Bei der pastosen Malerei benötigt man zum Auftragen der Farbe z. B. Palettmesser, Spachtel oder Schwamm.

Schraffieren

Beim Schraffieren verwendet man einen weichen Pinsel in Haar- oder Nylonqualität und erreicht durch schnelles Hin- und Herbewegen des Pinsels verhältnismäßig weiche Farbübergänge. Das Schraffieren erfordert viel Übung und anfänglich kann es einige Schwierigkeiten bereiten.

Wichtig ist, daß nicht zuwenig, aber auch nicht zuviel Farbe auf den Pinsel genommen und daß sie verarbeitet wird, solange sie noch feucht ist. Bei dieser Technik arbeitet man von dunkel nach hell.

Schraffieren bietet sich u. a. dort an, wo man Gegenständen Räumlichkeit verleihen und diese durch den weichen Übergang von Hell- und Dunkelwerten plastisch erscheinen lassen will. Es sollte dabei ein möglichst stufenloser Übergang von Licht- und Schattenpartien geschaffen werden.

Merke:
Beim Schraffieren wird mit weichem Pinsel ein möglichst stufenloser Farbübergang erreicht.

Übung im Schraffieren: Stilleben mit Kugel, Pyramide und Würfel

Acryl auf Papier
22 x 22 cm

Bei diesem Stilleben können Sie Schritt für Schritt die Technik des Schraffierens erlernen. Folgende Farben sind zu verwenden: Ultramarinblau, Echtrosa, Signalrot, Gelb, Weiß und Schwarz.

Skizzieren Sie die Kugeln, die Pyramide und den Würfel. Bei der schachbrettartigen Bodenfläche sind die Diagonalen in einem leichtem Bogen zum Horizont gezogen, damit die Anordnung der Objekte nicht zu starr, sondern aufgelockert wirkt.

Mit Ultramarinblau und einem breiteren, weichen Flachpinsel malen Sie mit senkrechten Strichen den Hintergrund und sparen dabei die Objekte aus. Echtrosa, mit etwas Gelb vermischt, ergibt den Farbengrund für die Quadrate der Bodenfläche. Mischen Sie sich von dieser Farbe etwas mehr an. Sie benötigen sie noch für den Farbengrund der Gegenstände.

Die Gegenstände müssen nun einen Farbengrund erhalten. Hier sind bereits die Licht- und Schattenflächen zu berücksichtigen. Für die große Kugel im Vordergrund geben Sie Ihrer Mischung aus Echtrosa und Gelb etwas Weiß zu und malen in formbeschreibenden Strichen die Kugel. Die zweite, etwas kleinere Kugel, wird unter Beimischung von mehr Weiß gemalt. Die Pyramide erhält eine Licht- und eine Schattenseite. Ultramarinblau, Weiß und eine kleine Spur Echtrosa und Gelb ergeben die Farbe der Schattenseite, die mit Zusatz von Weiß für die lichtere Seitenfläche aufgehellt wird.

Die Schattenseite des Würfels ist einen Ton dunkler als die der Pyramide. Seine rechte Seite erhält einen mittleren Farbwert aus Echtrosa, Gelb, Weiß und einer kleinen Spur Ultramarinblau. Die obere, hellste Seite des Würfels ist in der Farbgebung der Lichtseite der Pyramide angepaßt.

Mit einem weichen Rundpinsel mittlerer Größe wird der Hintergrund farblich differenziert. Mischen Sie einen dunklen Rotvioletton aus Ultramarinblau und Echtrosa und einen mittleren Blauwert aus Ultramarinblau, einer kleinen Spur Echtrosa und Weiß an. Beide Farbtöne sollten, um weichere Übergänge zu schaffen, feucht miteinander verarbeitet werden.

Beginnen Sie mit dem dunklen Rotviolett. Die hintere Kugel erhält am oberen Rand im Bereich der Pyramide mit kurzen, dicht nebeneinanderliegenden Strichen eine rotviolette Tönung. Bewegen Sie Ihren Pinsel dazu weich hin und her. Genauso verfahren Sie rechts oberhalb der Pyramide und des Würfels. Oberhalb der Horizontlinie sind auch kurze rotviolette Farbflächen zu schraffieren. Sie müssen zügig arbeiten, denn die Farbe sollte nicht antrocknen.

Von oben nach unten malen Sie nun mit Ihrem angemischten Blau dagegen und versuchen, mit rascher Hin- und Herbewegung des Pinsels die rotviolette Farbe in das Blau hineinzuziehen. Sollten Ihnen die Farben während des Malens antrocknen, geben Sie erneut Farbe auf Ihren Bildgrund. Versuchen Sie mit schnellen, weichen Pinselstrichen stufenlose Farbverläufe zu schaffen. An der verhältnismäßig großen Fläche des Hintergrundes können Sie diese Technik üben.

Wenn Sie sich vor Augen halten, daß man in der Acrylmalerei stets von hinten nach vorne und vom Dunklen ins Helle arbeitet, so ist folgerichtig im nächsten Schritt das Schachbrettmuster der Bodenfläche zu schraffieren. Sie benötigen Signalrot mit einer kleinen Spur Gelb vermischt, Schwarz und Weiß und Ihren Rundpinsel Nr. 2. Die hellsten Farbwerte befinden sich links oben und in der rechten Ecke unten, die dunkelsten unterhalb der Objekte. Beginnen Sie mit den weißen Flächen und mischen Sie dem Signalrot Weiß zu. Zuerst schraffieren Sie den dunkleren Teil der Fläche, waschen dann Ihren Pinsel gründlich aus, nehmen Weiß auf den Pinsel und arbeiten dagegen. Bei Lichtern und Reflexen sollten Sie wesentlich mehr Weiß verwenden, bei den Flächen, die im Schatten liegen, überwiegt der farbige Teil.

Beachten Sie dies bei den roten Flächen Ihres Schachbrettmusters. Mit Schwarz werden die dunklen Stellen schraffiert und mit Rot dagegen gearbeitet. Licht- und Schattenflächen verändern sich als Farbanteile in Nuancen. Die rechte Würfelseite erhält an den seitlichen und unteren Rändern einen leichten Strich Weiß.

Auch bei den dargestellten Objekten müssen Sie sich von hinten nach vorne arbeiten, so daß zuerst die Kugel im Hintergrund und der Würfel plastisch gestaltet werden müssen. Beginnen Sie bei der Kugel, und geben Sie in die rechte, untere Ecke eine kleine Spur Schwarz, anschließend Signalrot, mit etwas Weiß vermischt und einen leichten Violetton dazu. Mit Weiß arbeiten Sie in formgebenden Strichen dagegen.

Die Schattenfläche des Würfels erhält im unteren Teil eine dunkle Blauviolettönung, und mit Rotviolett unter Beimengung von Weiß schraffieren Sie die restliche Fläche. Die rechte Seite des Würfels erhält als Schattenwert einen Blauviolettton und als lichteren Wert die Signalrotmischung. Beiden ist etwas Weiß beigesetzt. Die obere Seite des Würfels ist mit Ultramarinblau und Weiß zu schraffieren. Verfahren Sie bei der Pyramide und zuletzt bei der größeren Kugel im Vordergrund in gleicher Weise.

Runde Gegenstände sind schwierig zu malen. Sollte die Kugel Ihnen nicht auf Anhieb gelingen, so können Sie diese nach Trocknung nochmals mit einem Farbgrund abdecken und neu beginnen. Da die Farben deckend verarbeitet werden, sind Fehler noch leicht zu korrigieren.

Die vorderen Kanten des Würfels und der Pyramide erhalten nun noch einen feinen Strich mit Weiß.

»Stiefmütterchen« von Olga Bettighofer

Acryl auf Leinwand
50 x 60 cm

Ein sehr gutes Ergebnis in der Technik des Schraffierens zeigen diese »Stiefmütterchen«. Der Malerin, eine Anfängerin in der Acrylmalerei, gelang es sehr schnell diese Malweise gekonnt auszuführen.

Der Hintergrund ist in hellgetrübten weichen Farbverläufen gehalten, die verschiedenen Blüten sind mit den Komplementärfarben Gelb und Violett gemalt. Die beiden großen gelbgrünen Blätter wurden auflasiert.

Übung in gemischter Technik: Schraffieren und Lasur – Magnolienblüten

Acryl auf Papier
30 x 35 cm

Verwenden Sie für dieses Bild Aquarellpapier oder Malkarton. Um Ihnen das Ausmischen der Farben etwas zu erleichtern, sind die Grundfarben und das jeweilige Mischungsergebnis jedes Arbeitsschrittes aufgeführt. Diese Farbtöne können Sie weiter variieren.

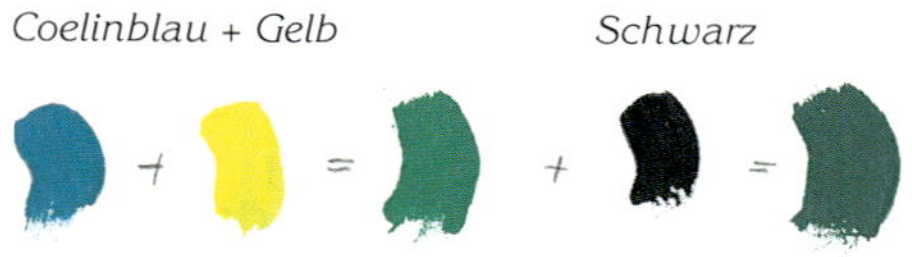

Skizze und Anlegen des Hintergrundes
Skizzieren Sie die Magnolienblüten, die Blätter und Stiele. Für die homogene Farbe des Hintergrundes mischen Sie sich aus Coelinblau, Gelb und Schwarz ein dunkles Blaugrün. Verwenden Sie zum Malen einen Rindshaarpinsel.

Der Farbengrund
Hier die verschiedenen Töne des Farbengrundes, deren Ausmischung Sie rechts sehen können. Bei der Knospe fügen Sie Ihrem Braunton etwas Weiß zu und malen damit das rechte Blatt. Die kleinen Blätter unterhalb der aufgeblühten Magnolien erhalten ein fahles Gelb, gemischt aus Gelb und Weiß. Sie sollten bei diesem Farbengrund bereits möglichst genau arbeiten und den Rundpinsel in formgebenden Strichen führen.

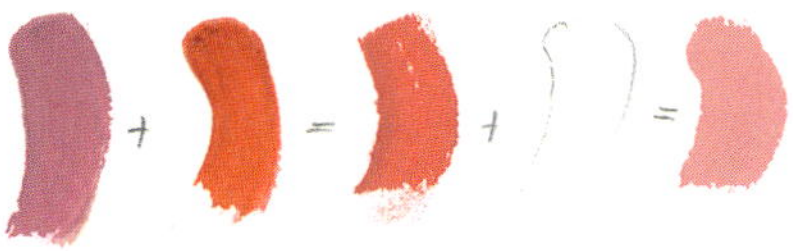

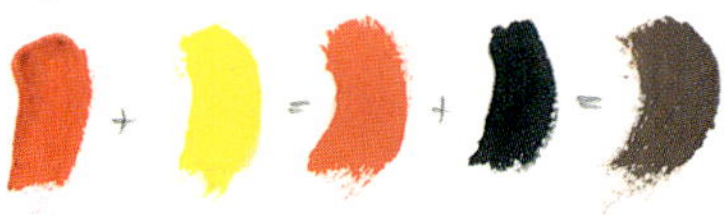

Waschen Sie Ihren Pinsel während des Malens immer wieder gründlich in kaltem Wasser aus, damit er über eine gute Spitze verfügt und Sie die Formen genauer einhalten können. Deutlich sichtbar ist nun bereits die farbliche Aufteilung Ihres Bildes.

Ausarbeitung des Hintergrundes, Formgebung der Blätter und der Stiele

Mit Lasuren in Gelb und Schwarz gestalten Sie nun den Hintergrund lebhafter. Leichte gelbe Lasuren befinden sich im oberen und rechten Teil des Bildes. Im Bereich der Blätter, Blüten und Stiele befinden sich schwarze Lasuren, die wie leichte Schatten wirken und Ihrem Bild mehr räumliche Tiefe geben. Die beiden oberen Blätter sind zum Teil bereits farblich differenziert. Die tiefer liegenden Blattstellen erhalten ein dunkles Grün. Die aufgewölbten Teile werden mit Gelb, Gelbgrün und Weiß schraffiert. Die Stiele werden mit dunklen Braunwerten, Gelb und Weiß geformt. Benützen Sie dazu Ihren feinen Rundpinsel.

Detaillierte Ausarbeitung der Blätter, Blüten und Stiele
Im nächsten Schritt arbeiten Sie schraffierend die Blätter aus. Versuchen Sie den Blättern durch unterschiedliche Farbgebung mit Grün, Gelb, Weiß und Braun Form zu geben, sie zu wölben und zu drehen. Mit einem feinen Pinsel und zeichnerischem Strich malen Sie die Rispen der einzelnen Blätter und setzen mit der Spitze Ihres Rundpinsels einige gelbe Punkte (siehe auch Ausschnitt). Auch die Stiele müssen mit feinem Strich ausgearbeitet werden. Die kleinen Blätter unterhalb der Magnolienblüten erhalten zunächst eine Lasur in Coelinblau. Den beiden bereits angemischten Rosatönen für die Magnolienblüten geben Sie etwas Weiß und Schwarz zu. Formen Sie die Blüten mit schraffierenden Pinselstrichen. Einige Blütenränder erhalten einen feinen, dünnen Pinselstrich in Weiß.

Achten Sie auf die dunkle Stelle im Inneren der Blüte und ziehen Sie diese weich nach außen. In der Zwischenzeit ist die coelinblaue Lasur der kleinen Blätter getrocknet und Sie können diese mit Braun und Gelb ausarbeiten. Setzen Sie auf die Stiele noch einige Lichtpunkte in Gelb und betrachten Sie Ihr Bild aus einigem Abstand. Gegebenenfalls können Sie noch einige Korrekturen vornehmen. Nach Trocknung sollten Sie das Bild mit Tansparentlack überziehen.

»Rotorange Tulpen« von Gisela Wilke

Acryl auf Leinwand
60 x 50 cm

Meisterlich ist die Technik des Schraffierens bei diesem Bild einer Kursteilnehmerin angewandt worden. Dieses Bild entstand in einem botanischen Garten. Unter den rotorangen Tulpen waren violette Stiefmütterchen gepflanzt, deren Farbe und Form zur Gestaltung des Hintergrundes inspirierte. Dadurch entstand ein reizvoller farblicher Kontrast.

Viel Übung ist zur Beherrschung dieser Maltechnik nötig.

»Herbstliches Buchenlaub«

Acryl auf Leinwand
50 x 60 cm

Auch dieses Bild verdeutlicht die Technik des Schraffierens. Der in verschiedenen Blautönen aufgebaute Hintergrund ist mit groben Pinselstrichen in granulierendem Farbauftrag (s. Seite 44) ausgeführt, und um die Fläche etwas mehr zu beleben, wurden einige Farbspritzer in Gelb und Blaugrün aufgesetzt.

Das Laub, in der Form leicht abstrahiert, erhält durch die Gelb-, Gelbgrün- und Braunfärbung den herbstlichen Charakter. Auf den geometrischen Flächen der Buchenblätter wurden Licht- und Schattenstellen aufschraffiert. Dieses Hell und Dunkel sowie die unterschiedliche Strichrichtung des Pinsels unterscheidet die Räumlichkeit der Blätter; zeigt wie sich das Laub nach innen oder außen wölbt.

Auf der linken Seite des Bildes befinden sich als Gegensatz zu den eher runden Formen der Buchenblätter einige schwarzbraune, senkrecht angeordnete, kahle Äste. Zwei kleinere Blätter, teilweise durch diese Äste verdeckt, verbinden die beiden in der Form gegensätzlichen Bildteile wieder zu einem harmonischen Ganzen.

Granulieren

Bei dieser Technik kann der Malgrund bei der Bildgestaltung mitwirken. Je rauher oder gekörnter der Untergrund ist, desto stärker ist die Ausdrucksweise dieser Malweise. Jedoch können mit ihr auch bei feinen Leinwandstrukturen subtile Farbaufträge erfolgen.

Granuliert wird mit trockenem Pinsel, wenig unverdünnter Farbe und schnellen, leichten Pinselstrichen. Der Pinsel wird ohne Druck über den Malgrund geführt, die Farbe erscheint in durchbrochener Pinselspur, wobei der Farbengrund durchschimmert. Auch der Pinsel spielt eine entscheidende Rolle. Wird mit einem Borstenpinsel granuliert, entstehen markante Pinselspuren, die leicht ausgefranst enden. Benützt man jedoch einen weichen Haar- oder Nylonpinsel, kann man mit dieser Technik durchbrochene, gekörnt wirkende Farbaufträge erreichen. Die Technik eignet sich insbesondere zur Darstellung strukturierter Oberflächen. Als Malgrund sind stark gekörnte Malpappen, Leinwand oder Holzplatten aus rauhem Preßspan geeignet.

Merke:
Granuliert wird mit trockenem Pinsel, wenig und unverdünnter Farbe mit leichten und schnellen Pinselstrichen.

Übung im Granulieren: Waldlandschaft

Acryl auf Leinwand
53 x 52 cm

Für dieses Bild benötigen Sie Ultramarinblau, Signalrot, Echtgelb, Schwarz, Weiß und zur Ausarbeitung Coelinblau. Als Malgrund wurde Leinwand benützt.

Diese Abbildung zeigt die vor Ort entstandene detaillierte Skizze, die Hell- und Dunkelwerte festlegt. Bei der Wahl des Objektes begeisterte mich eine wuchtige Kiefer, die das Bild beherrscht. Im grazilen Gegensatz zu ihr standen die schlanken Birken- und Erlenstämme im Hintergrund. Blutrote Abendsonne schimmerte durch die Bäume, und das Gras im Vordergrund wirkte wie ein reifes Kornfeld. Auch der Weg, der in den Bäumen verschwand, wurde von dem Rot der Sonne überstrahlt.

Skizzieren Sie den Weg, die Kiefer und die Baumstämme im Hintergrund. Der Weg sollte sich zum Horizont hin stark verjüngen, dadurch geben Sie Ihrem Bild Tiefe.

Nun können Sie mit dem Anlegen des Farbengrundes beginnen. Signalrot und etwas Gelb mischen sich zum Farbton des Himmels, den Sie mit einem breiten Borstenpinsel in schnellen diagonalen Pinselstrichen ausführen sollten. Das Grün für die Bäume entsteht aus einer Mischung von Ultramarinblau, Gelb und einer kleinen Spur Rot. Dieses Grün ist ebenfalls in diagonalen Pinselstrichen bis zur Horizontlinie aufzutragen. An einigen Stellen ist der Farbauftrag stark verwässert und läßt das Weiß des Malgrundes durchschimmern. Geben Sie Ihrer Rotmischung ein klein wenig Schwarz zu, so erhalten Sie den Farbton des Weges, der mit waagerechten Pinselstrichen aufgetragen werden muß. Etwas von diesem Braun sollten Sie mit viel Gelb vermischen und diese Farbe für die hellen Gräser der Wiese im Vorder-

grund benützen, die mit kurzen, fast senkrechten Pinselstrichen mit einem schmäleren Borstenpinsel gemalt werden müssen. Hier können Sie an einigen Stellen bereits die Technik des Granulierens versuchen. Lassen Sie die Striche leicht ausgefranst enden.

Die linke Seite des Wiesenhanges im Vordergrund muß nun mit verschiedenen Grün- und Blaugrüntönen für die im Schatten liegenden Teile der Wiese ausgearbeitet werden. Beginnen Sie an der Horizontlinie und arbeiten Sie sich mit kurzen, schnellen Pinselstrichen, denen Sie eine leichte Neigung geben, nach vorne. Dabei sollten Sie darauf achten, daß die Pinselstriche im Vordergrund breiter sind. Die rechte Seite der Wiese wird mit verschiedenen Gelbtönen – geben Sie dann und wann etwas Weiß und etwas Braun zu – mehr im Detail ausgearbeitet.

Mit dem Braun des Weges schaffen Sie nun den Farbengrund für die dunkleren Baumstämme. Eine Mischung aus Weiß und ein wenig Gelb ergibt die Farbe der hellen Stämme. Benützen Sie zum Malen verschieden starke Rundpinsel. Das helle Gelb wird mit einem Borstenpinsel auf einige Stellen der Wiese aufgetragen, um die Lichtstellen etwas zu verstärken. Mit einer wässerigen Lösung des Brauntones werden Teile des Himmels farblich nuanciert (siehe Kapitel »Lasur«, S. 28 und 63).

Nun müssen Sie ins Detail gehen. Mit einem Borstenpinsel, auf den Sie geringe Mengen unverdünnte Farbmischungen aufnehmen, malen Sie in unterschiedlichen Grüntönen mit schnellen, leichten Strichen die Laubflächen der Bäume rechts im Hintergrund. Die Farbe sollte dabei immer wieder aus dem Pinsel »ausgemalt« werden, d. h.: nehmen Sie erst dann wieder Farbe auf, wenn der Pinsel trocken über den Malgrund gleitet und kaum mehr Farbspuren hinterläßt. Achten Sie dabei auf die unterschiedlichen Strichführungen.

Grün geben Sie zu einem Teil etwas Weiß, zum anderen etwas Blau und für die dunkleren Teile Schwarz zu. Mit einem weichen Haarpinsel granulieren Sie die Stämme, setzen Licht- und Schattenflächen. Auf der rechten Seite des Hintergrundes wird nur mit dem Haarpinsel granuliert; über das Rot des Himmels kommen noch einige grüne Stellen. Wie unterschiedlich das Granulieren durch die entsprechende Wahl des Pinsels ausfallen kann, sehen Sie auf den beiden Ausschnittsvergrößerungen unten.

Nun müssen Sie den Weg noch etwas ausarbeiten: Nehmen Sie einen Haarpinsel und malen Sie mit Schwarz die Schattenflächen und mit einer hellen Gelbmischung die Lichtstellen des Weges. Bei der Farbgebung des Weges sollten Sie darauf achten, daß dieser nach hinten zu

Hier wurde zum Granulieren ein Borstenpinsel verwendet. Die Striche erscheinen gröber und markanter.

Hier wird eine leicht körnige Wirkung des Granulierens mit einem weichen Haar- oder Nylonpinsel sichtbar.

immer heller wird und daß sich die dunklen Stellen verstärkt im Vordergrund befinden (siehe räumliche Wirkung der Farben auf Seite 12). Auch die rechte Seite der Wiese, die im Schatten liegt, erhält mit Schwarz noch etwas mehr Dunkelheit. Das Laub der großen Kiefer wird mit dunklem Grün, Schwarzgrün, unvermischtem Coelinblau und Gelb gemalt. Dieses Coelinblau ist auch an einigen Stellen der Wiese im Vordergrund verwendet worden. Einige sparsame Spuren von Rotbraun kommen dazu. In den Baumstämmen taucht sparsam das Rot des Himmels auf. Die dünneren Äste der Bäume werden mit einem feinen Rundpinsel mit dunklem Schwarzbraun ausgeformt. Einige schnelle, trockene Pinselstriche mit Coelinblau an einigen Stellen des Hintergrundes vervollständigen Ihr Bild.

»Lache Bajazzo, lache«

Acryl auf Preßspanplatte
90 x 90 cm

Traurig – ganz im Gegensatz zu seinem lustigen Flitterkleid – schaut uns der Bajazzo an, der mit kräftigen, granulierenden Pinselstrichen gemalt ist. Als Malgrund wählte ich eine stärkere Preßspanplatte, und die verhältnismäßig rauhe Oberfläche wirkte bei der Ausführung entscheidend mit. Um den Ausdruck des Bildes zu verstärken, beschränkte ich mich neben Schwarz und Weiß auf die drei Primärfarben Gelb, Blau und Rot.

Mit einem weichen Rundpinsel hielt ich die Form des Kopfes, Augen, Nase und Mund mit schnellen, granulierenden Pinselstrichen fest. Durch eine diagonale Anordnung des Körpers innerhalb der Bildfläche wird der Eindruck erweckt, als würde der Bajazzo auf den Betrachter herunterblicken.

Eine mächtige Halskrause umschließt den Kopf und steht als ovales Bildfragment im Raum, während der Körper aus dem Hintergrund herauszuwachsen scheint. Der Flittereffekt der Halskrause entstand durch einige breite, farbige Pinselstriche, die auf zum Teil trockenem, zum Teil noch nassem Farbengrund aufgetragen wurden.

»Herbstliches Palazzone in der Toskana«

Acryl auf Leinwand
50 x 60 cm

Welche Bedeutung der Wahl des Untergrundes bei der Technik des Granulierens beigemessen werden sollte, zeigt dieses Bild, das auf fein strukturierter Leinwand ausgeführt wurde. Die Pinselstriche wirken subtiler durchbrochen, und der Ausdruck erscheint bei weitem nicht mehr so kraftvoll, wie dies bei dem Bild des Bajazzos der Fall ist.

Es war ein sonniger und verhältnismäßig warmer Tag Mitte November, und vor mir lag des Anwesen Palazzone inmitten von gelb gefärbten wilden Wiesen und Gestrüpp. Im Vordergrund standen einige Schlehenbüsche, deren große, blauviolette Früchte die Büsche überdeckten und ihnen eine violette Färbung gaben. Die einzelnen Gebäude des Anwesens Palazzone ragten aus den Wiesen und schmiegten sich an den Waldrand.

Mit behutsamen, granulierenden Pinselstrichen versuchte ich, diesen Eindruck festzuhalten, ließ aber dabei bewußt den kraftvollen Farben des Herbstes vollen Lauf.

»Stilleben mit grünem Krug« von Anita Lenz

Acryl auf Leinwand
50 x 70 cm

Das Ergebnis einer Übung im Granulieren zeigt dieses Stilleben von Anita Lenz. Die Schattenflächen der einzelnen Objekte wurden mit einem weichen Haarpinsel granuliert und gehen von teilweise homogenen Farbaufträgen bis hin zu fein durchbrochenen Farbflächen.

Der Hintergrund ist in stumpfen und dunklen Blau- und Rotviolettönen gehalten, die das kräftige Blaugrün des Kruges und das leuchtende Rotorange des Bechers voll zur Geltung bringen. Durch die beiden, in mittleren Grünwerten gemalten Äpfel wurde ein farblicher Übergang und ein harmonisches Farbgefüge erreicht.

»Seerosen«

Acryl auf Preßspanplatte
80 x 80 cm

Die Lasur und das Granulieren, zwei sehr unterschiedliche Maltechniken, vereinigen sich in dem Bild »Seerosen«.
Der Malgrund ist hier ebenfalls eine Preßspanplatte. In einer Farbfolge von warmem Gelb über Rotorange bis hin zum leuchtenden Rot sind die drei Seerosen gemalt. Ich benützte dazu einen breiten Borstenpinsel und ließ die Struktur des Untergrundes mitwirken. Die Blätter der Seerosen sind in mehreren Lasur- schichten Schritt für Schritt aufgebaut und scheinen durch diese Technik in vielen Farben zu schillern. Obwohl beide Malweisen sehr gegensätzlich sind, ist es möglich, sie zu einem kraftvollen, aber dennoch harmonischem Bild zu verbinden.

Die pastose Malweise in Spachteltechnik

Merke:
Bei der pastosen Malweise werden unter Beigabe von Malmittel mit stark verdickter Farbe Struktureffekte in Pinsel- oder Spachteltechnik erzielt.

Bei der pastosen Malweise werden unter Zugabe von Malmittel, z. B. Gel oder Reliefpaste, interessante Struktureffekte in Pinsel- oder Spachteltechnik erzielt. Es sind dabei Aufträge bis 5 mm bei Zugabe von Gel und bis 12 mm Stärke bei Zugabe von Reliefpaste möglich. Impasto Gel ist zusätzlich besonders gut als Träger-Klebestoff für Collagen und zum Einbetten verschiedenster Materialien geeignet. Es können auch beliebig Zuschlagstoffe, wie z. B. farbiger Sand oder andere Granulate, beigegeben werden.

Diese Zugabe der Malmittel verzögert die An- und Durchtrocknung der Acrylfarben. Je nach Zusatzmenge kann deshalb mit den Farben länger gearbeitet werden. Extrem dicke Schichten (über 5 mm) trocknen unter Umständen erst nach Tagen klar durch.

Gel wird in glänzender (Impasto Gel, glanz) oder in matter Ausführung (Impasto Gel, matt) angeboten. Es ist in Tuben oder Plastikdosen im Fachhandel erhältlich. Im feuchten Zustand sind beide Malmittel matt weißlich, nach Trocknung jedoch klar und farblos. Gel kann in beliebigem Verhältnis mit Acrylfarbe gemischt werden. Bei der Zugabe von Gel, glanz werden die Farben brillanter, leuchtkräftiger, transparenter und glänzender. Bei der Verwendung von Gel, matt wird der Glanzgrad und die Deckfähigkeit der Farben kaum verändert. Beide Malmittel können ohne weiteres miteinander gemischt werden. Die Transparenz nimmt jedoch mit zunehmendem Anteil von Impasto Gel, matt ab.

Das Gel ist nach der Trocknung zähelastisch hart und bleibt lichtecht.

Praktische Anwendung von Impasto Gel, glänzend oder matt

Bei der Anwendung der genannten Malmittel sind einige Verarbeitungshinweise zu beachten, die Ihnen nachfolgend erklärt und in einem Bildbeispiel zum Nacharbeiten angeboten werden. Sie benötigen außerdem noch einiges Arbeitsmaterial.

Zum Auftragen der verdickten Farbe sollten Sie ein Palettmesser und einige verschieden breite Spachteln besitzen. Ich persönlich ziehe Spachteln aus Plastik denen aus Metall vor, da sie sich schnell und leicht mit Wasser reinigen lassen und nicht rosten. Zudem sollten Sie einige flache Gefäße zum Anmischen der Paste besitzen und einige Plastikspachtel oder Löffel, mit denen Sie das Gel und die Farbe gründlich vermischen können. Da Gel im Feuchtzustand milchigweiß ist und erst nach Trocknung glasklar wird, sollten Sie die Farbe zuerst anmischen, um den gewünschten Farbton zu erreichen, da dieser bei der Beigabe des weißlichen Gels verändert wird und erst nach Trocknung wieder seinen Ursprungston annimmt. Mit Gel vermischte Farbe läßt sich im Feuchtzustand mit Wasser entfernen, nach Trocknung ist sie wasserfest. Pinsel sollten Sie mehrfach mit Wasser reinigen, um das Malmittel restlos zu entfernen.

Die pastose Malweise eröffnet einen großen Spielraum kreativer Gestaltungsmöglichkeiten. Es können mit ihr immer wieder neue Struktureffekte und plastische Ausdrucksmittel entdeckt werden. Anfänglich erscheint die Verarbeitung etwas schwierig, da mit Palettmesser oder Spachtel die Formgebung der Objekte nicht so genau einzuhalten ist. Aber mit zunehmender Übung bereitet diese Malweise immer mehr Spaß. Eine starke Ausdrucksfähigkeit, das breite Spektrum der Einsatzmöglichkeiten und überraschende Bildeffekte entschädigen für eine nicht immer genau kalkulierbare Bildplanung.

Verschiedene Struktureffekte, die mit Spachtel oder Palettmesser erreicht werden können

Die Abbildungen rechts zeigen Ihnen unterschiedliche Struktureffekte, die beim Auftragen mit Spachtel oder Palettmesser erreicht werden können.

Die mit A gekennzeichneten Abbildungen zeigen Strukturierungen, bei denen die Spachtel senkrecht, waagerecht, halbkreis- oder wellenförmig geführt wurde. Durch Andrücken der Spachtel auf den Malgrund und rasches Wegziehen strukturiert sich die Farbmasse noch mehr und es bilden sich ähnliche Formen, wie diese beim Farbabklatsch möglich sind (Abb. A 2). Das Arbeiten mit der Spachtel empfiehlt sich bei größeren Formen oder Strukturflächen.

Bei den mit B gekennzeichneten Abbildungen handelt es sich um Aufträge mit dem Palettmesser. Hier sind feinere Strukturen und formgenaueres Arbeiten möglich. Die gitterförmige Struktur bei Abbildung B2 entstand durch mehrere nebeneinanderliegende senkrechte Aufträge mit dem Palettmesser und anschließendes waagerechtes Durchziehen der Schmalkante des Messers.
Sie sollten diese Aufträge mehrfach üben, um ein Gefühl für die Verarbeitung zu bekommen. Für dieses Übungsbeispiel eignet sich als Malgrund Holz oder starke Pappe.

A
A
B2
A
A2
B
B
B
B
B

Übung in Spachteltechnik: Landschaft »Felsenbucht«

Acryl auf Leinwand
72 x 38 cm

Legen Sie die Komposition mit einer Bleistiftskizze fest. Nur mit groben Umrißstrichen sind die Felsen und die Steine im Wasser erfaßt, eine genauere Strukturierung wird später in der Spachteltechnik erreicht. Im Gegensatz dazu steht eine ruhige Wasserfläche und ein kaum bewegter Himmel.

Sie sollten als Malgrund Leinwand, starke Malpappe oder Holz verwenden. Papier ist für die pastose Malart, insbesondere für die Spachteltechnik, weniger geeignet. Das hier gezeigte Beispiel ist auf sehr straff aufgespannter und gut grundierter Leinwand ausgeführt.

Skizzieren Sie mit groben Umrißstrichen die Felsen und die Horizontlinie. Der Farbengrund des Himmels besteht aus einer Mischung von Coelinblau, Weiß und einer Spur Ultramarinblau. Sie sollten ihn mit leicht diagonalen Strichen bis zur Horizontlinie auftragen. Beim Farbengrund der Wasserfläche müssen Sie bereits die hellen, gelben Stellen sowie die dunklen, mit Ultramarinblau ausgeführten Schattenflächen berücksichtigen. Hier müssen Sie mit waagerechten Pinselstrichen arbeiten. Legen Sie differenzierte Blautöne auf und verwenden Sie dazu Coelinblau, Weiß und Ultramarinblau. Die hellen Grüntöne erhalten Sie durch direktes Vermischen der Farbe auf dem Malgrund.

Im nächsten Schritt tragen Sie einen homogenen Farbengrund für die Felsen und Steine auf. Vernachlässigen Sie jetzt noch Lichter und Schatten. Den hellen Ockerton erreichen Sie, indem Sie Gelb mit Echtrosa, Weiß und einer kleinen Spur Coelinblau mischen.

Im nächsten Schritt muß der Himmel fertig gemalt werden. Verwenden Sie dazu die Farbe, die Sie für den Farbengrund angemischt haben und benützen Sie die deckende Naß-in-Naß-Malerei. Dazu nehmen Sie zu dem Blau etwas Weiß und wenig Gelb auf den Pinsel und lassen die Pinselspuren weich ineinander übergehen. Das Weiß sollten Sie an einigen Stellen stehen lassen, um Wolken anzudeuten. Auch die Wasserfläche muß stärker ausgearbeitet werden. Dazu benötigen Sie verschiedene Lasuren in Gelb, Blau und einem dunklen Braun, das Sie aus Gelb, Echtrosa und Schwarz anmischen. Mit diesem Braun lasieren Sie die dunklen Stellen der Wasserfläche, die sich im linken Bildteil und unterhalb der aus dem Wasser ragenden Steine befinden. Dieses Braun bildet auch den Farbengrund der Kiefernstämme auf dem Felsenabhang. Die Wasserfläche sollte nach Möglichkeit bereits fertig sein, bevor Sie mit dem Spachtelauftrag für die Steine beginnen.

Nun erfolgt der Spachtelauftrag für die Felsen und Steine. Legen Sie sich die Spachteln sowie das Palettmesser bereit. Außerdem benötigen Sie zwei oder drei flache Gefäße, in denen Sie die Farbe mit dem Gel vermischen können. Auch ein paar einfache Holzspatel aus der Drogerie sind zum Farbmischen hilfreich.

Als Grundfarbe für die Felsen sollten Sie die gleiche Braunmischung wie für die Wasserfläche und die Baumstämme verwenden. Fügen Sie Ihrer Farbe kein Wasser zu! Mit einem sauberen Spatel nehmen Sie ungefähr zu gleichen Teilen Gel und angemischte Farbe und vermengen beides gründlich. Als zweite Farbe kommt nun eine Farb-Gelmischung in Weiß dazu, bei der Sie mit dem Spatel ein wenig Braun durchziehen, so daß dieses in Schlieren in der Paste sichtbar ist. Das Braun sollte nicht mit dem Weiß homogen vermischt werden, damit Sie später mehr Farbeffekte erzielen können. In ein drittes Behältnis geben Sie nun ein wenig Gelb, Schwarz und Coelinblau. Dem Gefäß brauchen Sie kein Malmittel zuzufügen. Diese Farben werden einfach zusätzlich mit der Spachtel aufgenommen und mit der Gel-Farbmischung verarbeitet. Durch dieses Aufnehmen zusätzlicher Farben in geringen Spuren ist es möglich, die

Steine und Felsen farblich noch mehr abzustufen sowie helle und dunkle Stellen zu setzen. Es sollten jedoch stets nur wenige zusätzliche Farbmengen aufgenommen werden.

Mit einer mittelbreiten Spachtel beginnen Sie nun in senkrechten und waagerechten Aufträgen die Felsen auszuführen. Lassen Sie an den Kanten die Farbe dick stehen. Mit Weiß und Gelb legen Sie die lichtbeschienenen Teile der Felsen an, das dunklere Braun, etwas Schwarz und mehr Blau sind für die dunklen Stellen zu verwenden. Führen Sie die Spachtel mit unterschiedlichem Druck über den Malgrund und geben Sie ausreichend Gel-Farbpaste auf die Spachtel. Für genauere formgebende Stellen benützen Sie das Palettmesser, dies ist besonders für die im Wasser stehenden Steine notwendig, um hier die Form genauer halten zu können.

Die dunklen Abrisse und Vertiefungen der Steine sind ebenfalls mit dem Palettmesser in Schwarz und Braun zu ziehen. Schaben Sie mit der Spachtel an einigen wenigen Stellen wieder etwas Farbmasse ab und lassen Sie den Untergrund durchschimmern. Üben Sie an den Felsen die unterschiedlichsten Strukturen.

Es ist ohne weiteres möglich, farblich mißlungene Stellen anschließend mit einem deckenden Farbauftrag ohne Gel zu überziehen oder einige Stellen mit Lasuren zu verstärken. Dazu muß die Spachtelmasse gründlich durchgetrocknet sein, dies ist erst nach ca. 8 bis 12 Stunden möglich. Bei Ihrem ersten Bild in der Spachteltechnik sollten Sie jedoch nach Möglichkeit darauf verzichten und die von Ihnen erreichten Spachtelstrukturen ursprünglich wirken lassen.

Die Stämme der Kiefern müssen abschließend mit einem Rundpinsel ausgearbeitet werden. Mit einem Borstenpinsel deuten Sie in schnellen, granulierenden Strichen einige Nadeln an. Betrachten Sie Ihr Bild aus einigem Abstand und nehmen Sie mit dem feinen Rundpinsel noch einige dunklere, akzentuierende Striche in den Steinen vor. Sie sollten Ihr Bild nun bei Zimmertemperatur 12 bis 14 Stunden trocknen lassen. Anschließend können Sie es, je nachdem welche Gelsorte Sie verwendet haben, mit Transparentlack überziehen. Bei dem hier gezeigten Bildbeispiel wurde Gel, glanz benützt.

Diese Ausschnittsvergrößerung zeigt deutlich die verschiedenen Spachtelspuren und die damit erzielten Felsstrukturen. An einigen Stellen ist der Untergrund durch Abschaben der noch feuchten Farbmasse wieder sichtbar gemacht und mit dem Rundpinsel sind einige dunkle Stellen gesetzt worden.

»Vase mit Hortensien« von Franz Reißner

Acryl auf Pappe
53 x 68 cm

Eine Studie in der Spachteltechnik zeigt dieses Bild von Franz Reißner. Es ist auf strukturierter Pappe gemalt, und der Hintergrund wie der Tisch, auf dem die Vase steht, ist in Gelb-, Weiß- und Violettönen mit einer breiten Spachtel ausgeführt. Mit dem Palettmesse wurden die dichten Blütenstände der Hortensien in Weiß- Blau- und Violettönten aufgetragen. Als Übergang zu den helleren Grüntönen des Blattwerkes und dem dunklen Grün der Vase steht rechts oben noch eine gelbe Blüte. Das Laub und die Vase wurden ebenfalls mit dem Palettmesser gestaltet. Farblich ist bei diesem Bild zu beachten, daß violette Töne in allen Gegenständen des Bildes verschieden stark eingesetzt wurden und damit ein harmonisches Farbzusammenspiel erreicht wurde.

»Die Crete in der Toskana«

Acryl auf Leinwand
115 x 115 cm

Die Crete im späten Herbst, eine karge Region in der Toskana, wenn alle Felder umgepflügt sind und nur rote Erdschollen in endlosen Hügeln, ohne eine Spur Grün sichtbar sind, zeigt dieses Bild.
Es wurde mit einer breiten Spachtel auf grober Leinwand ausgeführt und nach Trocknung teilweise mit verschiedenen Lasuren überzogen. Weiß und leuchtend wie ein Fremdkörper stehen einige Häuser in der unwirtlich wirkenden Landschaft. Die stark strukturierten Stellen des Felsabhanges, der sich bis unter die Häuser hinzieht, wurden durch Einbetten von Zeitungspapier in die Spachtelmasse erreicht.

»Die Mauer ist durchbrochen«

Acryl
auf Leinwand
50 x 60 cm

Der Vordergrund dieses Bildes, überwiegend in Orange und Blau gehalten, ist stellenweise in der Spachteltechnik ausgeführt. Auf der rechten Seite wurden mit einer sehr breiten Spachtel die als Querlinien sichtbaren Bildteile aufgesetzt. Die runden Teile der durchbrochenen Mauer sind mit dem Palettmesser ausgeführt, während der Hintergrund schraffiert wurde.

Neben-techniken in transparenter Malweise

Beim Nacharbeiten des Städtebildes auf Seite 25 ff. lernten Sie bereits die transparente oder lasierende Malweise kennen. Ich möchte noch einmal erinnern:

Merke:
Bei der transparenten Malweise wird die Farbe mit einem Verdünnungsmittel soweit verdünnt, daß darunterliegende Farbschichten sichtbar bleiben.

Als Verdünnungsmittel ist Wasser vollkommen ausreichend, denn Acrylfarben sind so gut gebunden, daß sie auch bei starker Verdünnung wasserfest auftrocknen. Für sehr starke Verdünnungen, und wenn die Oberfläche der mit Acrylfarbe behandelten Gegenstände starken mechanischen Abnützungen (z. B. bei mit Acrylfarbe behandelten Möbelstücken) ausgesetzt wird, empfiehlt es sich, die Verdünnung mit einer Mischung zu gleichen Teilen von Acryl-Transparentlack und Wasser vorzunehmen. Dies wird jedoch beim Malen von Bildern kaum der Fall sein. Es sei denn, sie sind für den Außenbereich vorgesehen.

Bei den transparenten Malweisen zeigt sich auch deutlich der Vorteil der schnellen Trocknung gegenüber den Ölfarben, denn selbst bei aquarellartigen Arbeiten ist eine verhältnismäßig kurze Trocknungszeit gegeben, so daß man zügig weiterarbeiten kann.

Grundsätzlich kann man bei der transparenten Malweise zwei Arten unterschieden, einmal den lasierenden Farbauftrag, zum anderen die aquarellartige Malweise, die sogenannte transparente Naß-in-Naß-Malerei.

Lasur

Bei der Lasur werden verdünnte Farbschichten aufeinandergelegt. Hier ist zu beachten, daß darunterliegende Farbschichten stets vollkommen abgetrocknet sein müssen, bevor eine neue Schicht aufgetragen wird.

Merke:
Lasierende Farbschichten werden auf trockenem Untergrund durchgeführt.

Für die Ausführung der Lasur gibt es zwei Möglichkeiten: Entweder den gleichmäßig dünnen, also homogenen Farbauftrag vorzunehmen oder den Farbauftrag in gerade noch durchscheinender Stärke aufzusetzen und diesen auf dem Bildgrund ständig mit mehr Wasser bis zu einem nahtlosen Verlauf hin zum äußerst transparenten Schleier zu verdünnen.

Lasur in gleichmäßigem Farbauftrag

Weicher Farbverlauf von gerade noch durchscheinender Farbe bis hin zum transparenten Schleier

Übung in Lasur: Landschaft »Toskanisches Gehöft«

Acryl auf Leinwand
42 x 42 cm

Die Skizze: Ein toskanisches Gehöft umgeben von dichten Zypressenreihen inmitten von Feldern. Eine alte, zum Teil bereits abgebröckelte Mauer umgibt das Anwesen.

Für das abgebildete Beispiel wurde als Malgrund feine Leinwand benutzt. Nachdem Sie die Landschaftsformation und die Häuser skizziert haben, wird der Farbengrund angelegt. Der Himmel sollte in senkrechten Strichen in einer Mischung aus Coelinblau, Ultramarinblau und Weiß ausgeführt werden. Sie können hier ohne weiteres einen breiten Borstenpinsel benützen. Die hügeligen Wiesen erhalten als Grundfarbe verschiedene Gelb- bis Gelborangetöne, denen etwas Weiß zugesetzt ist. Führen Sie

den Farbengrund bereits in formgebenden Strichen aus und malen Sie von hinten nach vorne. Auch die Häuser erhalten einen hellen, warmen Gelbton als Grundfarbe. Die Orangetöne setzen sich aus einer Mischung von Gelb und Echtrosa zusammen.

Ist der Farbengrund vollständig abgetrocknet, können Sie sich verschiedene Lasuren in Coelinblau, Ultramarinblau, Gelb, Echtrosa und Orange, gemischt aus Gelb und Echtrosa, anmischen. Bei der Lasur müssen Sie Ihr Bild waagerecht legen, um zu vermeiden, daß die Farbe nach unten rinnt. Benützen Sie für die Lasuren Flach- und Rundpinsel in Haarqualität. Mit einem breiten Pinsel geben Sie über den Himmel in senkrechten Strichen Lasuren in Ultramarinblau, wenig Echtrosa und leichtem Gelb. Lassen Sie die verschiedenen noch nassen Farben etwas ineinanderfließen, so daß keine klaren Abgrenzungen entstehen. Die im Bereich der Häuser befindlichen gelben Wiesen und Felder erhalten im weichen Farbverlauf (s. Abb. S. 63) eine Lasurschicht in Coelinblau, ebenso das Feld im Mittelgrund. Hier kommen noch einige leichte gelbe Lasuren und wenig Echtrosa dazu. Im starken Farbverlauf mit konzentrierter, fast deckender Farbe an der oberen Kante ist der Abhang im Vordergrund mit Coelinblau, Orange und Gelb in senkrechten Strichen auszuführen. Die Wiese rechts im Vordergrund erhält in leicht gebogenen Strichen ebenfalls eine Lasur in Coelinblau. Lassen Sie nun Ihr Bild waagerecht liegend trocknen.

Die Dächer der Häuser erhalten eine leichte Schicht in Ultramarinblau und die Hausfronten lichte coelinblaue und gelbe Farbspuren. Der senkrechte Teil der Mauer wird in Gelb und leichtem Rotbraun lasiert. Geben Sie Ihrem Braunton etwas Signalrot zu. Zum Abschluß sollten Sie einen leichten weißen Schleier darüber legen. Auch innerhalb des Torbogens sind verschiedene Lasuren aufgesetzt.

In den Zypressen lassen Sie die Lasurschichten in Coelinblau, Gelb und Schwarz ineinander verlaufen. Setzen Sie hin und wieder an den Rändern dunkle oder helle Farbstriche.

Fast deckend sind die Stämme der Zypressen in Schwarz, Rot, Gelb und Weiß gemalt. Nun müssen Sie nur noch die oberen Kanten der Felder mit Coelinblau, Rot und etwas Schwarz verstärken und aus kompositionellen Gründen mit dem Rundpinsel rechts einige Striche malen.

Um die Lasurschichten voll zur Wirkung kommen zu lassen, sollten Sie Ihr Bild nach vollständiger Trocknung mit Transparentlack, glänzend überziehen, den Sie zuvor zu gleichen Teilen mit Wasser verdünnt haben.

Nach Trocknung des Farbengrundes beginnen Sie mit der Ausarbeitung der Häuser, der Mauer und des Torbogens. Sie benötigen dazu eine mit etwas mehr Farbe angefertigte Lasur in einem dunklen Braunton, der aus Schwarz, Gelb und Echtrosa gemischt wurde. Für die Dachflächen setzen Sie die Lasur etwas kräftiger an der unteren bzw. seitlichen Kante an und ziehen die Farbe mit Wasser im weichen Farbverlauf über die ganze Dachfläche. Die rechte obere Kante des großen Daches erhält wiederum einen etwas dunkleren, feinen Strich mit dem Rundpinsel. Im Bereich der Fenster setzen Sie an den äußeren Kanten ebenfalls die Braunmischung an und verziehen die Farbe mit Wasser.

Die obere Kante der Mauer, sowie der Torbogen erhalten in formgebenden Strichen Lasuren in Braun. Teilweise ist im Torbogen auf die noch feuchte Farbe ein dünner Strich mit Coelinblau gesetzt, der sich weiter am oberen Rand der Wiese fortsetzt. Das kleine Haus rechts bekommt außer der braunen Lasur noch eine leichte coelinblaue Farbschicht. Lassen Sie die Lasur etwas ausgefranst enden und teilweise den gelben Farbengrund stehen. Links im Bild ist bereits eine Zypresse mit Blau und Gelb in ineinander verlaufenden Lasuren gemalt. Ihr Bild muß nun wiederum trocknen.

»Roter Mohn der Toskana«

Acryl auf Hartfaserplatte
75 x 95 cm

Den zarten, hauchdünnen Blütenblättern der Mohnblume ist ein bezwingendes, kraftvolles Rot eigen, das einem zur Blütezeit auf den Feldern und Wiesen der Toskana ins Auge sticht. Man kann im Mai und Juni leuchtend rote Felder erblicken, ein intensives Rot, das die Natur in dieser Leuchtkraft während des Hochsommers und des Herbstes nicht noch einmal hervorzubringen imstande ist.

Bei diesem Bild habe ich auf einem homogenen, gelben Farbengrund überlappende Lasurschichten in unterschiedlichen Rottönen aufgebracht, und so gelangen mir die leuchtenden Farbtöne. Der blaugrüne Hintergrund ist in Lasuren mit Blau und wenig Rot ausgeführt.
Als Gegensatz zu den großen Farbflächen, die das Bild beherrschen, strukturierte ich zwei Laubblätter in den Formen der umgebenden Zypressen.

Lasur mit Untermalung

Wie zu Anfang des Buches bereits erwähnt, wird diese Art der Malerei auch die »Technik der alten Meister« genannt. Nach Anlegen des Farbengrundes werden mit hellen bzw. dunklen Farbtönen Licht- und Schattenflächen der Gegenstände in weichen Farbübergängen aufgetragen. Nach Trocknung werden darüber Lasurschichten gelegt. Dabei nehmen die Licht- und Schattenflächen einen Hauch Farbe an und alle Formen werden auf subtilste Weise miteinander verbunden. Diese Wirkung können Sie am Beispiel des nebenstehenden Stillebens erkennen und im Nachvollzug erproben. Lasur mit Untermalung eröffnet neben der Technik der alten Meister noch andere Möglichkeiten der Gestaltung, von denen ich Ihnen eine im folgenden Beispiel aufzeigen will.

Übung in Lasur: Stilleben mit Äpfeln

Acryl auf Papier
42 x 42 cm

Bei dieser Art der Acrylmalerei sollten Sie größten Wert auf eine detaillierte Skizze legen, denn Sie bildet den Grundstock für Ihr Bild. Sie dient als Vorlage für eine später mit dem Pinsel zeichnerisch ausgeführte Untermalung. Legen Sie daher jetzt bereits genau die Formen und Details fest und schraffieren Sie mit dem Blei- oder Kohlestift die Schattenflächen.

Für den Farbengrund wählen Sie Zitronengelb, das gleichmäßig aufgetragen werden muß. Sollte es notwendig sein, können Sie sich die Umrißformen der Objekte des Stillebens skizzieren, wie es auf der Abbildung dargestellt ist. Auf das Schraffieren der Schattenflächen mit dem Bleistift müssen Sie jetzt verzichten. Sie werden im nächsten Arbeitsschritt mit dem Pinsel ausgeführt.

Mischen Sie sich aus Schwarz, Rot und etwas Gelb einen dunklen Brauntton an. Mit einem Rundpinsel, der über eine sehr gute Spitze verfügen muß, malen Sie die Formen der Objekte des Stillebens mit zeichnerischem Pinselstrich. Ebenfalls mit dem Rundpinsel sind die Schattenflächen zu granulieren und Details der Gegenstände aufzutragen. Ändern Sie dabei die Stärke Ihres Pinselstriches und versuchen Sie, die Formen möglichst frei und ungezwungen zu erfassen. Der Pinselstrich darf dabei ruhig einmal aussetzen und sich dann weiter fortsetzen. Zeichnerisch mit dem Pinsel zu arbeiten, erfordert sicherlich einige Übung, die Sie auf folgende Art erwerben können:

Nehmen Sie ausreichend Farbe auf den Pinsel und versuchen Sie anfangs, den Pinselstrich möglichst fein und dünn auszuführen. Geben Sie dann leicht Druck auf den Pinsel und lassen Sie den Strich breiter werden. Nehmen Sie den Druck vom Pinsel, wird der Strich wiederum feiner. Versuchen Sie Kreise und Achten zu malen, senkrechte und waagerechte Striche und Spiralen. Diese Pinselübungen sind sehr wertvoll und sollten immer wieder ausgeführt werden.

Im Hintergrund granulieren Sie einige Stellen mit dem flachen Borstenpinsel.

Ist die Untermalung abgetrocknet, müssen Sie nun Lasuren aus Coelinblau, Gelborange und Orange, das aus Gelb und Signalrot gemischt wurde, anfertigen, deren Farbwert und Stärke Sie aus der Schematik entnehmen können. Die Schematik der Lasuren erkennen Sie am Rand jeder Abbildung. Geben Sie nun fleckenhaft Lasuren auf Ihr Bild. Es entstehen dabei leuchtende Grün- und Orangetöne. An einigen Stellen, z. B. bei der Flasche und in den Äpfeln, lassen Sie den gelben Farbengrund unberührt stehen. Die blaue Lasur ist teilweise in mehreren Schichten aufzutragen, um sie zu intensivieren.

Zu den vorher benützten Lasuren kommt nun noch eine in Ultramarinblau hinzu. Die dunklen Töne des Hintergrundes erreichen Sie, indem Sie auf die coelinblaue Lasurschicht erst eine in Orange, anschließend in Ultramarinblau auftragen. Auf die Äpfel muß das Orange nochmals aufgetragen werden, um diese leuchtender zu machen. Teilweise sind leichte Lasuren mit Ultramarinblau darüber zu legen. Es sollten dabei aber immer noch einige rein gelbe Stellen des Farbengrundes sichtbar bleiben, wie sie z. B. am Rand des Kruges oder in den Äpfeln zu sehen sind.

Betrachten Sie Ihr Bild dabei immer wieder aus einigem Abstand und achten Sie darauf, daß die darunterliegende Farbschicht immer vollständig abgetrocknet ist, bevor Sie eine weitere darüber legen.

Auf Ihrem Bild sind nun einige optische Farbmischungen entstanden, die einen großen Reiz besitzen, da bei der Technik der Lasur die einzelnen Farbpigmente teilweise immer sichtbar bleiben und erst aus einigem Abstand betrachtet miteinander verschmelzen. Nach Trocknung sollte Ihr Bild mit Transparentlack überzogen werden.

Transparente Naß-in-Naß-Malerei

Bei Acrylfarben ist es ähnlich wie bei Aquarellfarben möglich, naß in naß zu malen. Bei diesem aquarellartigen Arbeiten muß jedoch der Untergrund angefeuchtet werden. Dies ist bei Papier, aber auch bei Leinwand möglich. Die Acrylfarbe sollte dabei gerade soweit verdünnt werden, daß die Farben ineinanderfließen können und wie bei der Aquarellfarbe in weichen Verzahnungen ausblühen.

Gegenüber der Aquarellfarbe besitzt die Acrylfarbe bei dieser Art der Verarbeitung gewisse Vorteile. Die Farbtöne erscheinen leuchtender, nach Trocknung ist die Farbe nicht mehr wasserlöslich und es können Ausarbeitungen und Akzentuierungen mit deckender Farbe erfolgen. Mit Sicherheit jedoch ist die Fließfähigkeit, besonders beim Arbeiten auf der Leinwand, nicht so stark ausgeprägt wie bei der Aquarellfarbe.

Merke:
Die transparente Naß-in-Naß-Malerei wird auf feuchtem Untergrund mit verdünnter Farbe ausgeführt.

Übung in transparenter Naß-in-Naß-Technik: Landschaft

Acryl auf Papier
32 x 23 cm

In der transparenten Naß-in-Naß-Technik ist dieses Bildbeispiel ausgeführt, das eine Landschaft in Abendstimmung zeigt. Das Bild sollte auf Aquarellpapier nachgearbeitet werden.

Die Horizontlinie liegt ziemlich tief. Sie sollten Ihr Blatt mit sauberem Wasser bis zu dieser Horizontlinie gründlich anfeuchten. Benützen Sie dazu einen Schwamm oder einen weichen breiten Haarpinsel und massieren Sie das Wasser mit senkrechten und waagerechten Strichen ein. Es dürfen keine Pfützen stehen bleiben. Die Farben Coelinblau, Echtgelb, Signalrot und Schwarz müssen Sie in kleinen Gefäßen mit Wasser soweit verdünnen, bis Sie eine »sahnige« Konsistenz annehmen. Mit einem weichen Pinsel tragen Sie oben beginnend, zuerst eine Fläche in Coelinblau, anschließend in Gelb und wenig Signalrot auf. Lassen Sie die Farben dabei ineinander fließen und waschen Sie vor Aufnahme einer neuen Farbe Ihren Pinsel immer gründlich aus, um zu starke Mischtöne zu vermeiden. An der Horizontlinie malen Sie mit einem Rundpinsel in dunklem Grün, einer Mischung aus Gelb und Schwarz, mit formgebenden Strichen die Baumkronen auf den noch feuchten Farbuntergrund. Die Farbe fließt dabei weich aus. Direkt an die Horizontlinie können Sie einige Spuren von kräftigem Coelinblau setzen. Hier muß die Farbe kaum verdünnt werden. Mit sauberem Wasser und einem Haarpinsel lösen Sie die noch feuchte Farbe an der Horizontlinie an und ziehen diese mit viel Wasser in leicht diagonalen Strichen nach unten. Einige Stellen verstärken Sie dabei mit dem dunklen Grün der Bäume und lassen dabei die Farben weich ineinander fließen.

Wenn Ihr Blatt fast trocken ist, können Sie die Bäume auf der linken Seite malen. Zum Teil fließt die Farbe noch etwas aus. Die Bäume sollten außerdem im Schattenbereich einen fast deckenden Farbauftrag erhalten. Mit einem feinen Pinsel und sauberem Wasser nehmen Sie für die hellen Baumstämme wieder etwas Farbe ab. Dazu lösen Sie diese mit Wasser und Pinsel an, waschen den Pinsel anschließend aus, trocknen ihn ab und saugen damit die angelöste Farbe wieder auf. Dies ist jedoch nur möglich, wenn die Acrylfarbe noch nicht angetrocknet ist. Auch die Bäume auf der rechten Seite erhalten Stämme und Äste. In der Zwischenzeit ist Ihr Bildgrund abgetrocknet und Sie können den Himmel nochmals mit einer leichten Lasur in Coelinblau überziehen. Lassen Sie dabei einige Stellen aus, so entstehen hellere, verschleierte Wolken, wie sie auf der Abbildung zu sehen sind.

Solche auf Papier gemalte Bilder benötigen keinen Schlußfirnis und sollten wie Aquarelle mit einem Passepartout versehen und hinter Glas gerahmt werden.

»Schwarzäugige Susanne«

Acryl auf Leinwand
125 x 125 cm

Dieses Bild zeigt eine auf Leinwand gemalte transparente Naß-in-Naß-Arbeit. Ich mußte bei diesem verhältnismäßig großformatigem Bild sehr schnell und zügig arbeiten und die grundierte Leinwand stets feucht halten. Dies geschah zum Teil mit sauberem Wasser, zum Teil mit stark verdünnter Farbe. Im Hintergrund fließen die Farben zart ineinander, gewinnen langsam an Formen, werden zu Blüten und Blättern. Einige der Blätter sind negativ erarbeitet: Ich benützte für Sie die Farbe des Untergrundes, die ich stehen ließ, und legte die Form durch intensivere oder dunklere Umgebungsfarben fest. Auch die Vase ist auf diese Weise erarbeitet. Beachten Sie die Stellen, bei denen Farben weich ineinanderfließen und zum Teil auszahnen.

Endbehandlung von Acrylbildern

Acrylmalereien sind viel beständiger als Öl- oder Aquarellbilder, aber dennoch sollten einige Hinweise zur Schlußbehandlung beachtet werden.

Die Schlußbehandlung richtet sich immer nach der Art des Malgrundes und Beanspruchung der Bilder durch äußere Einflüsse.

Bilder, die auf **Papier** oder **Malkarton** ausgeführt sind, sollten mit einem Passepartout versehen und unter eine Glas- oder Plastikscheibe gelegt werden. Denn ein solcher Malgrund ist nicht annähernd so widerstandsfähig wie die Acrylfarbe selbst. Ein Passepartout besteht aus einem weißen, bzw. getönten Karton, der ringsum ca. 10 cm größer als Ihr Bild sein sollte. Die Mitte dieses Kartons erhält einen Ausschnitt, der etwas kleiner als Ihr fertiges Bild ist. Mit einem speziellen Papierklebeband können Sie nun Ihr Bild auf der Rückseite des Kartons befestigen und als zusätzlichen Schutz noch einen gleich großen Karton dahinter anbringen. Hinter Glas gerahmte Bilder müssen nicht mit einem Firnis oder Transparentlack überzogen werden.

Bilder, die auf **Leinwand** oder **Holz** gemalt sind, sollten abschließend mit einem Firnis überzogen werden. Dazu eignet sich am besten ein Acryl-Transparentlack, den es in der Ausführung »matt« oder »glänzend« gibt. Dieser Lack ist ebenfalls wasserlöslich und wird zu gleichen Teilen mit Wasser verdünnt aufgetragen. Beim Auftragen des Schlußlackes muß man darauf achten, daß unnötige Schaumbildung vermieden wird, zu der alle wässerigen Firnisse neigen. Am besten nehmen Sie die Schlußlackierung mit einem breiten Lackierpinsel vor und gehen dabei immer in einer Richtung parallel zu den Kanten über die Fläche. Streichen Sie dabei nicht hin und her, damit sich keine Bläschen bilden. Dieser Firnis sollte ein- oder zweimal aufgetragen werden und schützt die Oberfläche zusätzlich, so daß man ohne weiteres die Bilder mit einem feuchten Tuch reinigen kann.

Auf das Rahmen von Bildern möchte ich in diesem Buch nicht ausführlich eingehen und nur einige Hinweise geben.

Wie bereits vorher erwähnt, sollten Bilder, die auf Papier oder Karton gemalt sind, hinter Glas gelegt und gegebenenfalls mit einer schmalen Rahmenleiste versehen werden.

Bilder, die auf Leinwand ausgeführt sind, können mit dem Keilrahmen in eine Rahmenleiste gelegt werden. Es besteht aber auch die Möglichkeit, die Leinwand direkt in den Rahmen einzuspannen. Dies erfordert jedoch einige handwerkliche Kenntnisse und Übung, so daß es empfehlenswert ist, dies durch ein Fachgeschäft ausführen zu lassen. Für die Wahl der Rahmenleiste ist immer der persönliche Geschmack ausschlaggebend. Ich selbst benütze gerne Rohholzleisten, die ich anschließend mit Acrylfarbe passend zum Bild gestalten kann. Bilder, die auf Holz gemalt sind, können ebenfalls mit einer Rahmenleiste versehen werden. Die Leiste wird an der Holzplatte mit kleinen Stiften befestigt.

Endbehandlung des Acrylbildes durch einen Schlußfirnis

Wie die Grundierung wird auch der Schlußfirnis netzartig über das Bild gestrichen, von oben nach unten und dann von rechts nach links.

Der Schlußfirnis ist anfangs milchig trüb, trocknet dann je nach Qualität aber matt oder hochglänzend durch. Die Acrylfarbe wird dadurch leuchtender, sobald der Firnis bzw. Lack durchgetrocknet ist.

Stichwortverzeichnis

Literatur

Eisenbarth, Barbara: Aquarellmalerei für Einsteiger. – Augustus Verlag Augsburg

Eisenbarth, Barbara: Besser aquarellieren. – Augustus Verlag Augsburg

Dodson, Bert: Meisterschule Zeichnen. – Augustus Verlag Augsburg

Itten, Johannes: Kunst der Farbe. – Otto Maier Verlag Ravensburg

Pawlik, Johannes: Praxis der Farbe. – DuMont Verlag Köln

Ruissing, Hennes: Meisterschule Ölmalerei. – Augustus Verlag Augsburg

Zur Autorin

Barbara Eisenbarth ist freischaffende Malerin. Sie ist verheiratet und hat zwei Kinder. Sie wohnt in Mering nahe dem Ammersee in Bayern. Die Autodidaktin ist seit über zehn Jahren in der Erwachsenenbildung tätig und unterrichtet Malerei und bildnerische Gestaltung.

Autorin und Verlag bedanken sich für das Überlassen von Bildern bei:
Christine Euba (S. 18),
Olga Bettigkofer (S. 37),
Gisela Wilke (S. 42),
Anita Lenz (S. 51)
und Franz Reißner (S. 60).

»Der alte Olivenbaum«

Acryl auf Leinwand
110 x 110 cm

Das Bild des alten Olivenbaums habe ich überwiegend in lasierender Malweise angelegt, die auch auf der grob strukturierten Leinwand voll zur Geltung kommt. Fast alle Mischtöne entstanden durch optisch-subtraktive Farbmischungen und zum Teil waren vier oder fünf Lasurschichten dazu notwendig. Bei optisch-subtraktiver Farbmischung wird durch Überlasieren das vom Bildgrund reflektierte Licht Schicht um Schicht »weggenommen« (= subtrahiert). Dadurch kommt es zu Farbpigmentverdichtungen und neuen Mischtönen (vgl. S. 28).

Die Deutsche Bibliothek – CIP-Einheitsaufnahme

Acrylmalerei für Einsteiger:
Schritt für Schritt zum Erfolg/
Barbara Eisenbarth.
-Augsburg: Augustus-Verl., 1994
ISBN 3-8043-0212-2

Fotografie: Klaus Lipa, Augsburg
Lektorat: Michael Schönberger, Augsburg
Umschlaggestaltung: Christa Manner, München
Layout: Anton Walter, Gundelfingen

Augustus Verlag Augsburg 1994
© Weltbild Verlag GmbH, Augsburg

Satz: Walter Werbegrafik, Gundelfingen
Reproduktion: Color Line, Verona
Druck und Bindung: Druckerei Appl, Wemding
ISBN 3-8043-0212-2
Printed in Germany